I0538495

BESTACTIVITYBOOKS.COM

PRIMERA EDICIÓN - 2022

Ilustración Gráfica Extra: www.freepik.com
Gracias a Alekksall, Starline, Pch.vector, Rawpixel.com, Vectorpocket, Dgim-studio, Upklyak, Macrovector, Stockgiu, Pikisuperstar & Freepik.com Designers

5 CONSEJOS PARA EMPEZAR

1) CÓMO RESOLVER LAS SOPA DE LETRAS

Los rompecabezas tienen un formato clásico:

- Las palabras se ocultan sin espacios ni guiones,...
- Orientación: Las palabras pueden escribirse hacia delante, hacia atrás, hacia arriba, hacia abajo o en diagonal (pueden estar invertidas).
- Las palabras pueden superponerse o cruzarse.

2) APRENDIZAJE ACTIVO

Junto a cada palabra hay un espacio para anotar la traducción. Para fomentar un aprendizaje activo, un **DICCIONARIO** al final de esta edición te permitirá comprobar y ampliar tus conocimientos. Busca y anota las traducciones, encuéntralas en el puzzle y añádelas a tu vocabulario!

3) MARCAR LAS PALABRAS

Puedes inventar tu propio sistema de marcado. ¿Quizás ya usas uno? También puedes, por ejemplo, marcar las palabras difíciles de encontrar con una cruz, las que te gustan con una estrella, las nuevas con un triángulo, las raras con un diamante, etc.

4) ESTRUCTURAR EL APRENDIZAJE

Esta edición ofrece un **CUADERNO DE NOTAS** muy práctico al final del libro. En vacaciones, de viaje o en casa, podrás organizar fácilmente tus nuevos conocimientos sin necesidad de un segundo cuaderno!

5) ¿HABÉIS TERMINADO TODAS LAS PARRILLAS?

En las últimas páginas de este libro, en la sección **DESAFÍO FINAL**, encontrarás un juego gratis!

¡Rápido y sencillo! Echa un vistazo a nuestra colección de libros de actividades para tu próximo momento de diversión y aprendizaje, ¡a sólo un clic de distancia!

Encuentre su próximo reto en:

BestActivityBooks.com/MiProximoLibro

En sus marcas, listos, ¡Ya!

¿Sabías que hay unas 7.000 lenguas diferentes en el mundo? Las palabras son preciosas.

Nos encantan los idiomas y hemos trabajado duro para crear libros de la más alta calidad para tí. ¿Nuestros ingredientes?

Una selección de temas adecuados para el aprendizaje, tres buenas porciones de entretenimiento, y luego añadimos una cucharada de palabras difíciles y una pizca de palabras raras. Los servimos con cariño y máxima diversión para que puedas resolver los mejores juegos de palabras y te diviertas aprendiendo!

Tu opinión es esencial. Puedes participar activamente en el éxito de este libro dejándonos un comentario. Nos encantaría saber qué es lo que más le ha gustado de esta edición.

Aquí hay un enlace rápido a tu página de pedidos:

BestBooksActivity.com/Opiniones50

Gracias por tu ayuda y diviértete!

Todo el equipo

1 - Ajedrez

B	A	E	Đ	W	P	L	L	Y	D	J	C	Z	M	T
C	V	P	T	P	C	V	T	O	Č	K	E	B	K	U
K	U	H	H	A	Č	A	R	G	I	M	V	I	E	R
P	T	P	D	M	Y	T	P	I	Z	A	D	B	M	N
R	F	D	I	E	O	O	I	T	J	C	R	N	A	I
A	A	B	T	T	K	C	Z	I	L	E	B	F	R	R
V	L	E	A	A	B	R	F	Č	A	V	M	I	G	J
I	A	N	V	N	F	K	A	U	R	L	V	E	I	J
L	N	T	O	Đ	S	U	Đ	L	K	P	R	V	A	K
A	O	N	V	I	S	A	P	D	J	Y	T	I	B	Z
B	G	B	T	H	P	H	B	F	S	I	J	R	I	L
U	A	P	R	O	T	I	V	N	I	K	C	L	J	H
Y	J	H	Ž	Y	Đ	E	M	L	W	I	O	A	E	L
P	I	N	A	T	J	E	C	A	N	J	E	Y	L	M
D	D	S	T	R	A	T	E	G	I	J	A	N	I	U

UČITI
BIJELI
PRVAK
NATJECANJE
DIJAGONALA
STRATEGIJA
PAMETAN
IGRA
IGRAČ
CRNA
PROTIVNIK
PASIVNO
TOČKE
PRAVILA
KRALJICA
KRALJ
ŽRTVOVATI
VRIJEME
TURNIR

2 - Arqueología

G	S	P	H	Z	U	A	R	O	S	E	F	O	R	P
I	R	L	S	A	P	F	P	S	T	Y	Z	C	E	M
V	D	J	V	B	H	Y	L	T	R	A	L	I	V	B
T	I	M	F	O	A	L	A	R	U	O	E	V	A	U
N	T	C	O	R	B	Z	J	Y	Č	P	H	I	L	I
N	N	I	S	A	O	O	I	S	N	Y	M	L	U	S
P	E	C	I	V	D	R	V	L	J	B	J	I	A	T
D	M	P	L	I	C	E	K	B	A	Đ	H	Z	C	R
M	G	H	O	O	M	U	I	Z	K	N	U	A	I	A
R	A	G	C	Z	V	A	L	C	A	W	A	C	J	Ž
I	R	J	A	M	N	B	E	K	M	P	V	I	A	I
N	F	G	R	O	B	A	R	J	O	A	L	J	Z	V
G	O	D	I	N	E	F	T	J	T	I	R	A	C	A
O	B	J	E	K	T	I	T	S	O	K	Z	H	W	Č
M	I	S	T	E	R	I	J	A	P	Z	G	W	Đ	A

ANALIZA
GODINE
CIVILIZACIJA
POTOMAK
NEPOZNAT
TIM
DOBA
EVALUACIJA
STRUČNJAK
FOSIL

FRAGMENTI
KOSTI
ISTRAŽIVAČ
MISTERIJA
OBJEKTI
ZABORAVIO
PROFESOR
RELIKVIJA
HRAM
GROB

3 - Granja #2

L	V	B	V	P	J	V	C	D	W	E	S	K	U	P
I	E	K	J	A	J	A	M	U	J	E	Č	A	M	T
V	Y	S	C	T	K	W	N	T	H	D	W	J	P	L
A	V	P	I	K	I	Z	R	J	I	U	W	N	O	Ž
D	O	R	A	A	F	E	S	Y	E	S	A	Ć	V	I
A	Ć	H	C	S	B	S	O	K	D	T	K	O	R	V
L	E	R	I	S	T	P	E	P	Y	V	I	V	Ć	O
Z	T	A	N	T	G	I	Z	R	E	L	O	N	E	T
K	P	N	E	A	Z	U	R	U	K	U	K	V	A	I
O	F	A	Š	J	P	M	O	V	A	Y	E	P	C	N
O	V	B	P	A	A	G	T	O	U	A	J	A	I	J
H	B	C	G	H	Z	Y	K	L	C	A	I	Z	N	E
G	M	R	E	Y	K	H	A	A	H	G	L	I	Š	I
S	Đ	F	P	O	S	F	R	M	R	B	M	B	O	U
O	G	Y	I	Đ	B	Y	T	E	N	D	N	C	K	P

ŽIVOTINJE
JEČAM
KOŠNICA
HRANA
JANJETINA
VOĆE
STAJA
VOĆNJAK
MLIJEKO
LAME
ZRELO
KUKURUZ
OVCE
PASTIR
PATKA
LIVADA
TRAKTOR
PŠENICA
POVRĆE

4 - La Empresa

K	M	O	G	U	Ć	N	O	S	T	R	R	T	Z	U
V	J	E	D	I	N	I	C	E	Z	T	S	R	A	L
A	J	I	C	A	T	N	E	Z	E	R	P	E	P	A
L	F	A	O	K	E	U	Ć	I	K	I	H	N	O	G
I	S	G	N	U	V	H	A	N	R	N	P	D	Š	A
T	W	I	L	L	Z	G	L	O	E	D	O	O	L	N
E	P	O	A	D	C	B	P	V	A	U	S	V	J	J
T	F	R	B	O	W	M	V	A	T	S	L	I	A	E
A	L	D	O	H	I	R	P	T	I	T	O	R	V	R
U	S	Z	L	I	B	I	K	I	V	R	V	E	A	I
E	G	O	G	M	Z	A	G	V	N	I	A	S	N	Z
G	W	L	V	I	V	V	O	A	I	J	N	U	J	I
T	W	E	E	F	T	L	O	N	U	A	J	R	E	C
V	B	W	E	D	V	T	Z	D	J	P	E	S	Đ	I
N	A	P	R	E	D	A	K	F	R	S	W	I	D	Z

KVALITETA
KREATIVNI
ODLUKA
ZAPOŠLJAVANJE
GLOBALNO
INDUSTRIJA
PRIHOD
INOVATIVAN
ULAGANJE
POSLOVANJE

MOGUĆNOST
PREZENTACIJA
PROIZVOD
NAPREDAK
RESURSI
UGLED
RIZICI
PLAĆE
TRENDOVI
JEDINICE

5 - Aviones

P	I	F	E	S	T	N	M	W	S	D	V	P	M	I
I	O	B	E	N	Z	W	O	S	E	I	B	R	O	Z
P	A	V	S	A	P	Y	I	A	T	Z	A	O	T	G
I	T	T	I	H	V	O	D	I	K	A	L	P	O	R
L	M	U	T	J	I	B	A	H	W	J	O	E	R	A
O	O	R	A	L	E	I	R	V	P	N	N	L	E	D
T	S	B	H	Y	J	S	U	Z	R	A	K	E	J	N
Z	F	U	U	C	N	Y	T	P	B	U	Y	R	M	J
V	E	L	P	E	A	G	N	V	U	F	G	I	S	A
I	R	E	A	B	T	K	A	O	P	T	F	O	K	D
S	A	N	N	E	E	G	V	G	Z	Y	N	V	I	A
I	L	C	F	V	J	L	A	R	R	P	I	I	Y	S
N	Z	I	U	N	I	P	M	Y	E	A	C	R	K	O
A	M	J	Y	S	L	J	S	K	S	J	N	O	E	P
D	B	A	U	O	S	Z	Z	P	C	G	R	G	T	N

ZRAK
VISINA
SLIJETANJE
ATMOSFERA
AVANTURA
NEBO
GORIVO
IZGRADNJA
SMJER
DIZAJN
BALON
PROPELERI
VODIK
POVIJEST
NAPUHATI
MOTOR
PUTNIK
PILOT
POSADA
TURBULENCIJA

6 - Tipos de Cabello

D	E	B	E	O	Z	J	F	Đ	E	M	S	C	J	I
N	D	Z	Y	U	R	D	U	G	O	J	S	I	A	Đ
P	A	H	P	O	J	B	A	A	H	W	J	L	V	R
L	K	Z	S	U	J	I	E	Y	S	B	A	E	A	A
E	S	U	H	O	M	F	I	R	A	K	J	J	Č	N
T	O	L	R	B	J	D	E	S	S	B	A	I	R	R
E	R	J	R	Z	K	R	A	T	A	K	N	B	V	C
N	K	Z	N	K	O	B	J	H	K	D	T	V	O	M
A	O	U	V	A	L	O	V	I	T	A	E	Z	K	F
O	V	I	A	N	Š	V	Đ	U	M	A	Đ	L	J	M
S	R	W	R	A	M	U	U	V	C	M	K	P	O	K
O	Č	U	D	T	E	O	V	A	L	E	Ć	M	Y	R
I	E	P	Z	T	K	U	W	A	Đ	U	A	R	O	L
G	R	F	M	D	A	T	I	B	L	I	Đ	W	M	Y
Z	I	E	C	I	N	E	T	E	L	P	E	G	Y	P

BIJELI
SJAJAN
ĆELAV
KRATAK
TANAK
SIVA
DEBEO
DUGO
SMEĐ
CRNA
VALOVITA
SREBRO
KOVRČAVA
KOVRČE
PLAVUŠA
ZDRAV
SUHO
MEKAN
PLETENA
PLETENICE

7 - Ciencia Ficción

F	T	K	P	R	O	R	O	Č	I	Š	T	E	P	Đ
U	E	R	U	T	O	P	I	J	A	L	B	H	L	G
T	H	A	A	N	K	E	P	O	W	Z	E	Y	A	G
U	N	J	G	A	L	A	K	S	I	J	A	O	N	S
R	O	N	E	J	L	Š	I	M	A	Z	A	Z	E	C
I	L	O	N	I	K	A	T	O	M	S	K	I	T	E
S	O	S	Y	Y	L	B	K	Đ	A	H	Đ	K	A	N
T	G	T	F	A	N	T	A	S	T	I	Č	A	N	A
I	I	E	A	J	I	Z	O	L	P	S	K	E	U	R
Č	J	J	F	O	N	L	A	E	R	V	O	R	O	I
K	A	I	H	S	W	C	U	A	Đ	M	A	G	N	J
I	W	V	C	S	T	E	Đ	Z	D	K	T	T	T	E
G	S	S	K	N	J	I	G	E	I	A	E	W	R	G
R	O	B	O	T	I	V	M	A	F	J	D	Y	E	A
T	A	J	A	N	S	T	V	E	N	I	A	J	D	F

ATOMSKI
KINO
SCENARIJ
EKSPLOZIJA
KRAJNOST
FANTASTIČAN
VATRA
FUTURISTIČKI
GALAKSIJA
ILUZIJA
ZAMIŠLJEN
KNJIGE
TAJANSTVENI
SVIJET
PROROČIŠTE
PLANETA
REALNO
ROBOTI
TEHNOLOGIJA
UTOPIJA

8 - Granja #1

A	K	N	U	Đ	M	P	W	G	W	T	E	N	C	S
P	F	E	U	F	K	A	L	E	Č	P	M	A	C	Y
Z	I	J	D	W	O	Y	Č	G	W	A	L	D	M	H
E	W	L	M	S	Z	E	E	K	N	E	M	E	J	S
M	H	O	E	C	A	R	A	G	A	M	J	R	N	U
L	Y	P	L	T	Ž	F	Đ	L	B	D	U	V	O	O
J	O	N	E	J	I	S	A	P	J	V	A	I	K	L
I	V	K	T	D	R	N	T	F	K	W	P	R	N	F
Š	I	K	T	L	H	C	A	U	G	U	Y	P	G	Z
T	J	V	F	K	C	W	H	A	R	S	J	O	Đ	O
E	O	V	F	E	J	P	Y	W	O	I	Đ	J	R	Đ
S	N	R	I	P	D	R	C	K	H	Đ	A	L	O	Z
Y	G	A	V	O	D	A	M	E	D	Đ	A	O	H	V
Đ	K	N	E	T	Z	H	P	G	I	J	C	P	C	P
D	T	A	M	S	R	K	R	A	V	A	Đ	J	O	R

PČELA
POLJOPRIVREDA
VODA
RIŽA
MAGARAC
KONJ
KOZA
POLJE
VRANA
GNOJIVO
MAČKA
SIJENO
MED
PAS
PILETINA
SJEMENKE
TELE
ZEMLJIŠTE
KRAVA
OGRADA

9 - Camping

P	F	Đ	A	W	V	C	G	J	F	V	Z	E	O	W
R	E	Ž	N	A	O	A	N	R	V	O	T	U	P	E
I	N	F	I	E	L	K	T	I	J	J	G	D	R	H
R	J	U	N	V	B	U	F	R	A	U	Ž	E	E	D
O	E	T	A	P	O	K	L	W	A	N	F	M	M	R
D	R	J	L	P	P	T	L	V	F	A	T	A	A	V
A	S	A	P	M	O	K	I	L	U	K	A	R	F	E
Š	D	J	Đ	O	M	S	Đ	N	F	A	M	U	Š	Ć
E	C	J	S	Y	D	W	G	A	J	Ć	J	T	J	A
Š	C	G	G	J	J	J	W	G	R	E	E	N	I	T
I	M	R	M	C	H	G	E	T	T	S	S	A	K	U
R	U	K	A	B	I	N	A	Z	Z	I	E	V	T	F
K	A	R	T	A	O	H	Đ	V	E	V	C	A	R	F
D	B	F	G	Z	I	R	N	N	B	R	S	C	N	V
L	S	B	G	J	M	B	H	L	N	F	O	T	B	W

ŽIVOTINJE
AVANTURA
DRVEĆA
ŠUMA
KOMPAS
KABINA
KANU
LOV
UŽE
OPREMA
VATRA
VISEĆA
KUKAC
JEZERO
FENJER
MJESEC
KARTA
PLANINA
PRIRODA
ŠEŠIR

10 - Fruta

N	A	R	A	N	Č	A	P	K	O	Y	V	S	M	T
K	V	W	V	H	T	O	A	K	Š	U	R	K	H	R
Đ	K	B	I	J	J	S	P	J	A	B	U	K	A	E
K	S	G	J	S	O	D	A	K	O	V	A	M	N	Š
I	E	R	L	S	A	M	J	H	L	F	B	Đ	P	N
V	R	O	Š	K	I	A	A	D	M	I	D	F	Đ	J
I	B	Ž	D	I	M	L	O	J	F	Y	M	L	L	A
Z	F	Đ	I	Đ	A	I	E	O	D	C	B	U	P	Z
B	N	E	N	G	R	N	A	R	A	R	O	S	N	G
P	Y	Y	J	U	E	A	V	Z	G	T	B	Y	P	N
Y	L	S	A	U	L	G	G	M	L	S	I	Đ	V	S
O	E	D	R	I	I	I	K	U	A	D	C	J	I	H
V	K	G	L	L	C	W	B	V	A	N	A	C	I	D
K	O	K	O	S	A	N	A	N	A	V	G	J	V	Z
B	A	N	A	N	A	W	Đ	C	P	C	A	O	F	E

AVOKADO
MARELICA
BOBICA
TREŠNJA
ŠLJIVA
KOKOS
MALINA
GUAVA
KIVI
LIMUN
MANGO
JABUKA
BRESKVA
DINJA
NARANČA
PAPAJA
KRUŠKA
ANANAS
BANANA
GROŽĐE

11 - Geología

T	T	I	T	K	A	L	A	T	S	P	B	M	Y	E
Đ	W	V	B	S	I	H	B	I	V	L	L	O	S	Y
K	B	A	O	L	K	S	S	S	F	O	I	A	I	Y
V	L	F	K	O	V	O	E	J	P	V	S	N	T	V
A	M	G	F	J	E	Y	R	L	G	R	O	R	I	O
R	I	Z	J	E	G	G	T	A	I	T	F	E	M	V
C	K	A	L	C	I	J	O	I	L	N	M	V	G	U
Y	A	A	Y	C	K	N	P	L	S	J	A	A	A	L
C	B	P	M	I	N	E	R	A	L	I	A	K	L	K
K	O	N	T	I	N	E	N	T	K	S	J	K	A	A
O	B	T	L	A	V	A	Y	S	A	D	I	W	T	N
M	R	L	A	M	J	Đ	R	I	M	F	Z	L	S	M
I	R	I	Y	F	N	Y	L	R	E	C	O	A	Y	V
E	G	U	K	B	J	Y	C	K	N	D	R	U	D	U
Đ	P	A	D	B	W	G	E	F	E	R	E	Y	I	T

KISELINA
KALCIJ
SLOJ
KAVERNA
KONTINENT
KORALJA
KRISTALI
KVARC
EROZIJA
STALAKTIT
STALAGMITI
FOSIL
GEJZIR
LAVA
PLATO
MINERALI
KAMEN
SOL
POTRES
VULKAN

12 - Inmigración

I	P	I	J	P	S	D	Z	V	C	O	G	E	S	Z
E	J	N	E	R	B	O	D	O	P	Z	Đ	N	I	A
J	I	Đ	E	B	A	K	I	N	S	A	Č	K	T	Š
N	A	V	A	R	P	U	P	P	L	U	E	I	U	T
E	S	Y	Đ	N	P	M	P	N	O	K	A	Z	A	I
Š	M	T	D	H	L	E	O	R	A	M	J	E	C	T
E	V	L	R	Đ	Z	N	F	H	O	A	O	J	I	A
J	J	F	L	E	O	T	B	N	W	C	L	Ć	J	E
R	M	S	R	P	S	I	U	U	P	E	E	Y	A	R
F	I	N	A	N	C	I	R	A	N	J	E	S	P	B
G	R	A	N	I	C	E	H	E	L	D	U	W	T	R
F	J	K	O	M	U	N	I	K	A	C	I	J	A	O
P	R	E	G	O	V	A	R	A	N	J	E	K	L	K
A	Z	C	N	Đ	O	D	R	A	S	L	I	Đ	V	N
K	U	Ć	I	Š	T	E	R	F	S	U	H	M	B	V

UPRAVA
ODRASLI
ODOBRENJE
POMOĆ
KOMUNIKACIJA
DOKUMENTI
STRES
ROK
FINANCIRANJE
GRANICE
JEZIK
ZAKON
PREGOVARANJE
DJECA
ČASNIK
PROCES
ZAŠTITA
SITUACIJA
RJEŠENJE
KUĆIŠTE

13 - Álgebra

E	F	A	K	T	O	R	M	W	O	N	Z	Y	R	F
J	K	J	V	D	I	J	A	G	R	A	M	W	I	O
N	P	S	M	K	E	Đ	D	O	Z	H	N	T	J	R
A	Z	D	P	Z	U	G	L	A	T	B	P	Z	E	M
M	M	A	V	O	N	U	L	A	B	A	F	S	Š	U
I	P	A	G	B	N	J	O	W	J	L	L	R	I	L
Z	O	R	T	R	M	E	L	B	O	R	P	J	T	A
U	D	F	U	R	A	R	N	G	R	Z	P	E	I	A
D	J	V	C	A	I	D	Y	T	B	O	U	Š	N	L
O	E	V	G	D	F	C	A	Đ	Đ	U	N	E	R	L
A	L	B	A	J	I	R	A	V	V	H	K	N	A	A
H	A	G	T	K	O	L	I	Č	I	N	A	J	E	Ž
J	E	D	N	A	D	Ž	B	A	H	E	Đ	E	N	N
D	B	F	R	A	K	C	I	J	A	N	A	A	I	O
B	E	S	K	O	N	A	Č	N	O	N	W	O	L	F

KOLIČINA
NULA
DIJAGRAM
PODJELA
JEDNADŽBA
EKSPONENT
FAKTOR
LAŽNO
FORMULA
FRAKCIJA
BESKONAČNO
LINEARNI
MATRICA
BROJ
ZAGRADA
PROBLEM
RIJEŠITI
ODUZIMANJE
RJEŠENJE
VARIJABLA

14 - Plantas

G	L	B	K	B	C	N	U	G	C	U	I	T	P	F
P	S	P	R	O	U	O	G	T	D	Đ	Z	W	I	D
Đ	U	H	J	Š	R	V	R	F	N	B	Y	B	E	A
T	R	A	V	A	L	I	M	H	P	O	L	H	C	G
N	I	R	K	R	U	J	J	T	W	B	A	M	U	Š
W	T	G	R	O	G	O	A	E	O	I	T	M	V	H
L	I	S	T	L	A	N	Z	N	N	C	I	A	E	U
S	K	T	F	F	J	G	E	Đ	Y	A	C	H	G	R
M	Đ	A	G	U	L	G	Ć	M	C	Y	A	O	E	E
E	V	C	K	E	H	W	Š	C	N	Z	U	V	T	M
C	J	R	Y	T	E	J	I	V	C	H	F	I	A	Z
F	F	M	Y	V	U	D	L	U	H	V	V	N	C	S
M	S	Z	B	R	G	S	U	B	M	A	B	A	I	U
D	R	V	O	T	B	O	T	A	N	I	K	A	J	M
H	C	O	J	I	H	O	V	V	T	E	R	N	A	U

GRM
DRVO
BAMBUS
BOBICA
ŠUMA
BOTANIKA
KAKTUS
GNOJIVO
CVIJET
FLORA
LIŠĆE
GRAH
BRŠLJAN
TRAVA
LIST
VRT
MAHOVINA
LATICA
KORIJEN
VEGETACIJA

15 - Negocio

Z	L	W	B	B	D	V	T	Đ	K	T	C	W	P	J
A	K	T	R	V	T	H	A	D	A	R	N	I	O	K
P	P	R	O	R	A	Č	U	N	R	O	O	O	S	N
O	T	S	U	P	O	P	O	E	I	Š	V	S	L	K
S	W	R	H	S	F	Y	Y	W	J	A	A	B	O	R
L	J	C	A	D	W	F	A	N	E	K	C	H	D	T
E	J	I	C	N	A	N	I	F	R	P	K	S	A	V
N	K	Z	P	A	S	V	W	E	A	J	E	M	V	O
I	W	E	Z	Ć	J	A	A	R	B	T	W	Z	A	R
K	E	R	A	U	Z	O	K	L	Y	V	I	P	C	N
U	W	O	R	D	K	U	C	C	U	S	G	O	W	I
R	O	P	Đ	I	W	J	W	T	I	T	J	S	P	C
E	J	N	A	G	A	L	U	U	M	J	A	A	K	A
D	E	K	O	N	O	M	I	J	A	N	A	O	E	A
M	B	A	Y	E	P	R	O	D	A	J	A	N	K	I

KARIJERA
TROŠAK
POPUST
NOVAC
EKONOMIJA
ZAPOSLENIK
POSLODAVAC
TVRTKA
TVORNICA
FINANCIJE
POREZI
ULAGANJE
ROBA
VALUTA
URED
PRORAČUN
DUĆAN
POSAO
TRANSAKCIJA
PRODAJA

16 - Jardín

M	R	J	M	G	H	P	U	A	D	A	R	G	O	V
Đ	Đ	A	M	O	O	U	K	B	W	R	I	A	F	P
E	I	W	Z	Y	R	Z	L	K	W	Đ	I	R	Z	L
P	O	Đ	F	A	S	Z	P	B	Đ	V	P	A	K	O
T	R	I	J	E	M	K	S	T	T	K	W	Ž	G	P
E	R	G	G	A	Y	V	D	M	R	G	L	A	T	A
J	R	V	M	J	M	C	K	J	A	T	T	U	E	T
I	P	O	T	E	R	A	S	A	V	R	H	D	P	A
V	O	R	R	C	Y	A	W	N	N	A	D	U	M	A
C	W	O	V	E	J	I	R	C	J	V	R	M	J	Ć
J	T	K	A	J	N	Ć	O	V	A	A	V	M	O	E
T	R	A	M	P	O	L	I	N	K	B	O	F	R	S
G	R	A	B	L	J	E	K	N	L	G	W	L	S	I
A	F	H	Z	S	B	R	I	B	N	J	A	K	T	V
D	E	J	F	V	Z	D	Y	A	W	C	Z	E	Y	Y

GRM
DRVO
KLUPA
TRAVNJAK
RIBNJAK
CVIJET
GARAŽA
VISEĆA
TRAVA
VOĆNJAK
VRT
KOROV
CRIJEVO
LOPATA
TRIJEM
GRABLJE
TLO
TERASA
TRAMPOLIN
OGRADA

17 - Países #2

J	D	O	T	V	N	O	T	E	V	M	L	B	D	V
A	O	L	I	P	U	U	G	A	N	D	A	G	B	L
M	T	C	K	P	W	M	P	I	P	T	B	Y	F	I
A	C	A	J	I	N	A	B	L	A	G	R	Č	K	A
J	A	J	I	L	A	R	T	S	U	A	I	N	K	A
K	K	I	B	E	D	P	J	O	D	A	N	S	K	A
A	S	Z	R	R	U	Đ	D	A	U	V	C	G	E	N
A	U	E	G	S	S	J	P	L	P	T	I	S	T	I
R	C	N	N	T	K	H	M	Z	T	A	A	I	I	J
U	N	O	Y	J	Y	A	F	J	T	Z	N	R	O	A
S	A	D	P	O	R	T	U	G	A	L	A	I	P	R
I	R	N	M	E	K	S	I	K	O	I	Z	J	I	K
J	F	I	A	U	S	T	R	I	J	A	L	A	J	U
A	Y	T	Z	R	I	F	N	A	T	S	I	K	A	P
I	I	B	B	P	E	T	G	G	A	G	A	P	F	S

ALBANIJA
AUSTRALIJA
AUSTRIJA
DANSKA
ETIOPIJA
FRANCUSKA
GRČKA
INDONEZIJA
IRSKA
JAMAJKA
JAPAN
LAOS
MEKSIKO
PAKISTAN
PORTUGAL
RUSIJA
SIRIJA
SUDAN
UKRAJINA
UGANDA

18 - Números

D	S	E	D	A	M	N	A	E	S	T	Š	E	S	T
H	E	Č	E	T	R	N	A	E	S	T	Z	I	Đ	L
V	L	V	N	U	L	A	L	A	M	I	C	E	D	N
T	T	D	E	R	H	C	O	W	A	P	D	H	A	L
U	L	Đ	J	T	W	H	A	C	D	S	Č	I	W	H
L	T	S	E	A	N	S	E	Š	E	F	E	V	K	O
T	T	S	E	A	N	I	R	T	S	O	T	G	H	E
R	E	Z	E	H	C	D	F	Y	N	S	I	F	K	K
I	S	D	V	A	N	A	E	S	T	A	R	D	V	A
D	E	V	E	T	N	A	E	S	T	M	I	L	E	F
E	D	K	I	N	R	T	P	D	M	N	B	P	U	W
Z	L	N	I	T	C	T	E	E	K	A	A	E	C	W
D	V	A	D	E	S	E	T	P	T	E	Z	O	Z	Y
G	S	U	O	L	J	T	T	D	A	S	C	H	Y	E
O	S	A	M	W	M	K	Đ	W	T	T	Z	T	G	N

ČETRNAEST
NULA
PET
ČETIRI
DECIMALA
DEVETNAEST
OSAMNAEST
ŠESNAEST
SEDAMNAEST
DESET
DVANAEST
DVA
DEVET
OSAM
PETNAEST
ŠEST
SEDAM
TRINAEST
TRI
DVADESET

19 - Física

L	C	J	E	A	H	J	H	M	B	V	G	R	F	G
M	B	H	N	L	N	J	V	O	R	L	R	E	R	U
O	A	B	T	N	E	E	B	T	Z	P	A	L	E	S
T	S	S	Đ	N	D	K	T	O	I	L	V	A	K	T
A	Z	O	A	G	W	A	T	R	N	I	I	T	V	O
I	F	A	L	M	W	Đ	W	R	A	N	T	I	E	Ć
N	U	K	L	E	A	R	N	I	O	G	A	V	N	A
R	W	E	J	N	A	Z	R	B	U	N	C	N	C	K
F	O	R	M	U	L	A	I	J	T	C	I	O	I	I
M	O	L	E	K	U	L	A	T	F	C	J	S	J	N
Č	E	S	T	I	C	A	Đ	W	E	M	A	T	A	A
K	E	M	I	J	S	K	I	C	H	N	Z	I	Đ	H
U	N	I	V	E	R	Z	A	L	A	N	G	Đ	U	E
E	Y	D	D	U	W	K	H	Đ	V	P	I	A	G	M
S	L	O	W	T	V	Z	P	D	G	K	S	Z	M	Z

UBRZANJE
ATOM
KAOS
GUSTOĆA
ELEKTRON
FORMULA
FREKVENCIJA
PLIN
GRAVITACIJA
MAGNETIZAM
MASA
MEHANIKA
MOLEKULA
MOTOR
NUKLEARNI
ČESTICA
KEMIJSKI
RELATIVNOST
UNIVERZALAN
BRZINA

20 - Belleza

E	L	E	G	A	N	T	A	N	K	K	J	Y	O	B
B	E	Đ	I	Đ	Z	R	L	A	Đ	O	V	N	O	L
F	O	T	O	G	E	N	I	Č	A	N	Ž	Đ	D	M
Š	S	T	I	L	I	S	T	U	B	R	M	A	J	N
J	A	R	A	K	S	A	M	L	O	K	L	M	S	H
P	C	M	A	E	L	T	G	J	J	S	Z	E	U	Š
I	K	L	P	U	C	R	I	A	A	O	V	P	S	M
I	D	W	Z	O	L	A	D	E	L	G	O	F	L	I
A	G	U	M	K	N	J	O	S	U	G	W	K	U	N
Š	A	R	M	Z	Y	P	V	G	T	Ž	D	E	G	K
O	A	K	I	T	E	M	Z	O	K	I	U	Č	E	A
E	L	E	G	A	N	C	I	J	A	M	I	R	I	S
M	I	L	O	S	T	I	O	N	M	Z	D	V	M	A
Š	K	A	R	E	U	R	R	Y	I	I	R	O	T	S
J	W	S	O	N	S	V	P	P	J	D	Z	K	I	R

ULJA
ŠAMPON
BOJA
KOZMETIKA
ELEGANCIJA
ELEGANTAN
ŠARM
OGLEDALO
STILIST
FOTOGENIČAN
MIRIS
MILOST
ŠMINKA
KOŽA
RUŽ
PROIZVODI
KOVRČE
MASKARA
USLUGE
ŠKARE

21 - Países #1

E	O	W	W	J	D	Y	N	N	B	U	H	R	R	G
P	K	A	L	I	B	I	J	A	E	R	D	N	R	T
P	O	V	N	T	P	W	E	C	P	L	A	G	P	C
R	R	G	A	M	A	N	A	P	J	S	Z	Z	M	K
P	A	A	J	D	F	I	L	I	P	I	N	I	I	S
O	M	R	I	T	O	I	S	L	E	B	L	F	Y	L
L	N	A	T	H	H	R	P	A	T	A	P	I	G	E
J	J	K	A	T	I	O	L	M	G	K	A	F	D	B
S	E	I	L	A	Y	H	N	G	G	Š	G	R	W	Y
K	M	N	I	W	S	D	V	D	L	E	Z	T	Y	I
A	A	N	J	W	G	C	M	U	U	V	Đ	B	N	N
E	Č	N	A	J	I	G	L	E	B	R	S	H	J	D
A	K	S	L	O	J	N	A	P	Š	O	A	G	K	I
U	A	L	E	U	Z	E	N	E	V	N	K	S	J	J
A	R	G	E	N	T	I	N	A	D	A	N	A	K	A

NJEMAČKA
ARGENTINA
BELGIJA
BRAZIL
KANADA
EKVADOR
EGIPAT
ŠPANJOLSKA
FILIPINI
HONDURAS
INDIJA
ITALIJA
LIBIJA
MALI
MAROKO
NIKARAGVA
NORVEŠKA
PANAMA
POLJSKA
VENEZUELA

22 - Mitología

L	D	Y	J	U	M	E	L	N	A	R	F	Z	O	A
B	E	H	K	Z	U	R	U	A	G	A	N	S	S	R
E	T	G	F	K	N	W	A	O	B	K	H	A	V	H
S	Š	L	E	I	J	S	F	H	J	I	I	U	E	E
M	I	J	J	N	A	W	O	B	E	N	R	E	T	T
R	V	U	N	T	D	D	R	W	Y	T	C	I	A	I
T	O	B	E	R	L	A	T	D	L	A	Y	T	N	P
N	D	O	R	M	I	K	S	C	H	R	K	N	V	T
O	U	M	O	S	T	V	A	R	A	N	J	E	P	F
S	Č	O	V	S	L	L	T	N	U	L	I	D	O	K
T	K	R	T	F	C	E	A	R	U	T	L	U	K	S
A	B	A	S	Z	P	E	K	F	Đ	J	N	P	I	J
F	B	K	P	O	N	A	Š	A	N	J	E	R	Z	U
G	R	M	L	J	A	V	I	N	A	I	J	U	C	V
P	Z	K	U	S	U	V	J	E	R	E	N	J	A	L

ARHETIP
LJUBOMORA
NEBO
PONAŠANJE
STVARANJE
UVJERENJA
STVORENJE
KULTURA
KATASTROFA
SNAGA
RATNIK
JUNAK
BESMRTNOST
LABIRINT
LEGENDA
ČUDOVIŠTE
SMRTNIK
MUNJA
GRMLJAVINA
OSVETA

23 - Ecología

N	I	P	Z	R	A	Z	N	O	L	I	K	O	S	T
R	R	J	V	O	L	O	N	T	E	R	I	R	I	S
P	L	A	N	I	N	E	Z	Z	M	B	R	W	K	H
E	Z	R	Š	Đ	A	J	I	C	A	T	E	G	E	V
N	O	O	B	U	U	L	J	N	O	D	R	Ž	I	V
R	N	L	H	I	S	I	A	Y	K	P	F	P	R	M
E	L	F	M	E	O	B	P	K	L	O	A	R	E	O
Z	A	J	E	D	N	I	C	E	I	M	U	I	S	Č
A	B	R	V	P	I	I	U	Y	M	O	N	R	U	V
G	O	Y	R	B	R	Đ	L	L	A	R	A	O	R	A
U	L	P	S	R	Z	I	U	J	A	S	L	D	S	R
L	G	S	T	N	Y	D	R	O	T	K	S	N	I	A
O	R	H	A	S	K	C	K	O	R	I	M	O	L	I
O	P	S	T	A	N	A	K	N	D	W	H	Đ	S	H
S	T	A	N	I	Š	T	E	N	M	A	G	L	Z	B

KLIMA
ZAJEDNICE
RAZNOLIKOST
VRSTA
FAUNA
FLORA
GLOBALNO
STANIŠTE
POMORSKI
PLANINE
PRIRODNO
PRIRODA
MOČVARA
BILJE
RESURSI
SUŠA
ODRŽIV
OPSTANAK
VEGETACIJA
VOLONTERI

24 - Casa

O	W	V	Z	C	S	Š	U	T	F	K	P	Z	P	P
G	P	V	W	O	N	M	P	E	C	E	F	V	O	R
L	H	B	G	U	N	M	V	P	H	M	S	W	T	O
E	M	E	T	L	A	J	N	I	H	U	K	E	K	Z
D	S	H	U	E	Y	G	K	H	F	Đ	R	O	R	O
A	B	O	S	A	Ć	A	V	A	P	S	G	E	O	R
L	I	U	U	Y	A	K	A	J	N	M	I	D	V	K
O	Đ	Đ	O	Y	E	P	N	B	Y	D	W	B	L	R
O	M	O	G	R	A	D	A	J	A	J	R	F	J	O
G	U	Z	I	D	N	V	K	R	I	R	H	R	E	V
V	R	A	T	A	I	R	A	O	J	Ž	Y	O	P	S
A	D	S	T	L	V	T	T	R	H	M	N	R	K	O
M	O	M	R	Y	A	Ž	A	R	A	G	Y	I	Y	T
V	P	A	K	J	L	I	T	E	J	V	S	D	C	R
H	V	H	E	M	S	M	I	L	D	J	O	F	T	A

TEPIH
POTKROVLJE
KNJIŽNICA
DIMNJAK
KUHINJA
SPAVAĆA SOBA
TUŠ
METLA
OGLEDALO
GARAŽA
SLAVINA
VRT
SVJETILJKA
ZID
KAT
VRATA
PODRUM
KROV
OGRADA
PROZOR

25 - Salud y Bienestar #2

R	A	Z	B	F	F	O	S	P	C	B	I	P	B	F
A	N	E	D	O	E	I	G	A	I	O	S	C	S	Z
O	A	N	Đ	R	L	K	A	L	O	R	I	J	A	J
Đ	T	E	N	N	A	E	A	Y	G	V	G	A	K	B
F	O	R	H	I	U	V	S	R	Y	Đ	A	S	I	D
O	M	G	G	M	I	H	R	T	U	A	L	S	T	I
S	I	I	L	A	N	I	A	N	I	Ž	E	T	E	J
L	J	J	J	T	I	Y	J	P	C	E	R	R	N	E
T	A	A	H	I	G	I	J	E	N	A	G	E	E	T
I	G	K	A	V	A	R	O	P	O	M	I	S	G	A
T	B	I	R	Z	M	T	A	W	R	A	J	U	N	Z
E	O	R	L	V	A	T	I	K	K	S	A	I	N	F
P	R	O	B	A	V	A	P	A	N	A	R	H	S	I
A	I	N	F	E	K	C	I	J	A	Ž	R	K	K	B
B	O	L	N	I	C	A	R	Z	P	A	R	L	E	S

ALERGIJA
ANATOMIJA
APETIT
KALORIJA
DIJETA
PROBAVA
ENERGIJA
BOLEST
STRES
GENETIKA
HIGIJENA
BOLNICA
INFEKCIJA
MASAŽA
ISHRANA
TEŽINA
OPORAVAK
ZDRAV
KRV
VITAMIN

26 - Selva Tropical

M	G	P	I	K	Č	I	N	A	T	O	B	V	A	Z
P	O	Š	T	O	V	A	N	J	E	Č	J	R	U	A
L	M	Đ	G	W	N	D	S	G	C	U	T	S	T	J
A	V	W	R	T	U	O	I	B	I	V	V	T	O	E
A	M	K	U	Y	E	R	S	Đ	T	A	O	A	H	D
U	W	A	N	L	N	I	A	E	P	N	D	L	T	N
M	V	N	H	D	I	R	V	A	A	J	O	G	O	I
J	H	A	S	O	K	P	C	B	E	E	Z	N	N	C
I	U	T	M	R	V	G	I	N	D	K	E	U	O	A
C	O	S	E	T	Š	I	Č	O	T	U	M	Ž	L	J
K	K	P	I	M	M	I	N	E	D	G	C	D	I	S
U	L	O	R	J	C	R	J	A	C	V	I	Đ	Y	O
K	J	I	C	A	L	B	O	E	J	O	V	I	J	V
Z	B	B	M	R	A	Z	N	O	L	I	K	O	S	T
Y	Đ	Đ	I	A	V	O	N	B	O	E	H	D	Đ	W

VODOZEMCI
BOTANIČKI
KLIMA
ZAJEDNICA
RAZNOLIKOST
VRSTA
AUTOHTONO
KUKCI
SISAVCI
MAHOVINA
PRIRODA
OBLACI
PTICE
OČUVANJE
UTOČIŠTE
POŠTOVANJE
OBNOVA
DŽUNGLA
OPSTANAK

27 - Adjetivos #1

O	G	D	V	Y	N	U	V	B	L	W	Y	A	N	V
G	W	Y	K	A	Z	I	A	F	T	E	M	B	R	E
R	Z	N	T	H	Ž	A	I	K	I	L	E	V	Đ	L
O	N	E	V	I	N	N	K	Y	T	Z	O	I	D	I
M	N	H	L	N	A	Z	O	I	C	I	B	M	A	K
A	A	R	O	M	A	T	S	K	I	L	V	N	B	O
N	V	G	T	U	S	P	O	R	I	T	I	A	K	D
L	I	V	W	P	U	P	A	M	D	I	T	T	N	U
J	T	Đ	O	P	J	D	T	O	A	S	E	U	A	Š
T	K	K	O	N	Y	F	E	D	L	K	Š	L	J	A
S	A	V	R	Š	E	N	J	E	M	R	K	O	L	N
M	R	A	K	P	B	F	I	R	C	E	A	S	I	A
S	T	W	U	S	O	I	V	A	B	N	I	P	B	E
R	A	S	Y	O	H	H	S	N	M	R	B	A	Z	A
V	R	I	J	E	D	A	N	H	G	S	L	A	O	L

APSOLUTAN
AKTIVAN
AMBICIOZAN
AROMATSKI
ATRAKTIVAN
SVIJETAO
OGROMAN
VELIKODUŠAN
VELIKI
ISKREN
VAŽNO
NEVIN
MLADI
USPORITI
MODERAN
MRAK
SAVRŠEN
TEŠKA
OZBILJAN
VRIJEDAN

28 - Familia

O	T	A	C	Y	N	I	C	D	F	D	D	T	S	T
F	Y	W	T	D	V	E	N	K	C	J	H	I	Y	E
G	I	Z	Đ	J	K	S	Ć	V	B	E	H	P	R	T
N	E	Ć	A	K	E	S	K	A	W	C	F	V	F	K
M	A	J	Č	I	N	S	K	I	K	A	R	M	V	A
S	P	Đ	R	O	V	T	S	J	N	I	T	E	J	D
B	A	K	A	O	P	R	E	D	A	K	N	F	J	J
R	G	I	R	G	Đ	F	Z	B	D	M	B	J	Y	E
Ž	U	M	T	C	R	A	K	W	N	A	R	G	A	D
M	R	W	S	U	Đ	L	K	Ć	B	J	A	L	M	T
O	P	P	E	U	J	A	K	F	I	K	T	T	F	D
J	U	C	S	D	I	J	E	T	E	A	M	A	Z	G
Đ	S	K	Đ	I	D	C	C	M	N	B	U	Y	K	T
P	P	R	U	P	U	N	U	K	T	T	M	C	N	A
G	C	A	E	Y	K	W	J	A	R	Đ	C	U	W	D

BAKA
DJED
PREDAK
SUPRUGA
SESTRA
BRAT
KĆI
DJETINJSTVO
MAJKA
MUŽ
MAJČINSKI
UNUK
DIJETE
DJECA
OTAC
ROĐAK
NEĆAKINJA
NEĆAK
TETKA
UJAK

29 - Disciplinas Científicas

A	J	I	M	E	K	O	I	B	B	B	M	A	N	T
L	N	I	B	T	E	Đ	C	B	R	I	I	R	E	E
F	I	A	K	I	N	A	T	O	B	O	N	H	U	R
P	U	N	T	P	T	Đ	V	B	O	L	E	E	R	M
M	S	J	G	O	O	M	A	L	O	O	R	O	O	O
E	E	I	Z	V	M	D	Y	E	R	G	A	L	L	D
H	K	G	H	Đ	I	I	G	P	V	I	L	O	O	I
A	O	S	O	O	F	S	J	L	V	J	O	G	G	N
N	L	J	D	H	L	H	T	A	H	A	G	I	I	A
I	O	W	J	I	R	O	W	I	R	G	I	J	J	M
K	G	N	L	A	L	J	G	Y	K	Đ	J	A	A	I
A	I	H	J	B	P	R	W	I	E	A	A	K	R	K
V	J	U	D	E	Y	K	Y	A	J	I	M	E	K	A
G	A	J	I	G	O	L	O	E	G	A	B	V	Z	S
A	S	T	R	O	N	O	M	I	J	A	O	E	B	L

ANATOMIJA
ARHEOLOGIJA
ASTRONOMIJA
BIOLOGIJA
BIOKEMIJA
BOTANIKA
EKOLOGIJA
GEOLOGIJA
LINGVISTIKA
MEHANIKA
MINERALOGIJA
NEUROLOGIJA
PSIHOLOGIJA
KEMIJA
TERMODINAMIKA

30 - Electricidad

S	O	S	A	S	A	M	E	R	P	O	Đ	R	O	P
M	V	V	H	I	Z	A	J	I	R	E	T	A	B	T
V	R	J	K	M	Đ	G	L	N	E	R	S	Č	O	N
N	A	E	E	C	T	N	U	T	I	Č	N	I	C	A
D	H	M	Ž	T	L	E	B	A	K	I	A	R	T	V
Đ	J	Z	O	A	I	T	Ž	H	R	K	N	T	E	I
H	S	U	D	S	U	L	U	A	B	K	I	K	L	T
O	B	J	E	K	T	I	J	K	R	I	Č	E	E	A
U	T	I	T	K	V	Z	A	K	K	U	I	L	F	G
G	E	N	E	R	A	T	O	R	A	L	L	E	O	E
T	E	L	E	V	I	Z	I	J	A	A	O	J	N	N
P	O	Z	I	T	I	V	A	N	Y	S	K	Ž	A	J
E	L	E	K	T	R	I	Č	N	I	E	U	I	G	L
H	D	O	O	P	Đ	N	Đ	C	Z	R	W	C	F	U
S	K	L	A	D	I	Š	T	E	N	J	E	E	A	E

SKLADIŠTENJE
BATERIJA
ŽARULJA
KABEL
ŽICE
KOLIČINA
ELEKTRIČAR
ELEKTRIČNI
UTIČNICA
OPREMA
GENERATOR
MAGNET
SVJETILJKA
LASER
NEGATIVAN
OBJEKTI
POZITIVAN
MREŽA
TELEVIZIJA
TELEFON

31 - Salud y Bienestar #1

S	G	P	D	E	W	T	V	G	M	Z	R	D	D	L
S	A	L	O	W	I	E	I	J	I	T	S	O	K	I
C	M	M	A	U	B	B	R	P	Š	E	Z	F	L	J
B	H	O	Y	D	Z	R	U	I	I	N	G	D	B	E
R	E	F	L	E	K	S	S	T	Ć	V	I	O	D	Č
K	O	Ž	A	O	M	N	A	V	I	T	K	A	I	E
O	P	U	Š	T	A	N	J	E	S	A	T	K	W	N
V	I	S	I	N	A	K	I	N	Č	E	J	I	L	J
B	A	K	T	E	R	I	J	E	A	E	S	N	D	E
G	S	L	J	E	K	A	R	N	A	V	Z	I	H	J
H	O	R	M	O	N	I	S	K	E	J	I	L	Y	N
V	R	K	N	L	F	Đ	C	Đ	A	M	J	K	W	A
T	E	R	A	P	I	J	A	M	F	N	E	Đ	A	Ž
S	A	M	J	D	J	L	M	F	T	H	H	E	H	R
P	B	W	Z	K	K	T	L	R	O	R	Y	Z	E	D

AKTIVAN
VISINA
BAKTERIJE
KLINIKA
LIJEČNIK
LJEKARNA
LOM
GLAD
NAVIKA
HORMONI

KOSTI
LIJEK
MIŠIĆI
KOŽA
DRŽANJE
REFLEKS
OPUŠTANJE
TERAPIJA
LIJEČENJE
VIRUS

32 - Adjetivos #2

N	O	V	O	M	Z	U	M	O	R	N	I	P	P	K
S	V	J	E	Ž	E	A	M	S	N	A	N	O	R	R
Z	D	R	A	V	E	M	N	U	E	L	T	Z	I	E
D	Y	B	O	B	P	J	A	I	V	S	U	N	R	A
E	R	I	I	D	V	W	S	H	M	E	K	A	O	T
E	A	A	S	V	J	M	O	K	R	L	A	T	D	I
N	L	D	M	T	A	L	N	Z	K	R	J	I	N	V
O	I	E	H	A	K	G	O	S	U	H	O	I	O	N
R	L	B	G	J	T	N	P	Đ	G	Đ	I	Đ	V	I
M	F	B	R	A	I	I	F	W	Z	E	U	B	I	C
A	O	W	S	A	N	F	Č	K	M	J	F	U	T	S
L	K	K	D	B	S	T	L	A	T	F	Z	Đ	S	C
A	T	I	O	G	I	B	A	A	N	W	I	C	E	O
N	S	C	O	B	P	D	O	N	B	Z	V	L	J	I
N	M	G	P	R	O	D	U	K	T	I	V	N	I	D

UMORNI
JESTIVO
KREATIVNI
OPISNI
DRAMATIČAN
ELEGANTAN
POZNATI
SVJEŽE
JAK
ZANIMLJIV
PRIRODNO
NORMALAN
NOVO
PONOSAN
AKUTNI
PRODUKTIVNI
SLAN
ZDRAV
SUHO

33 - Cuerpo Humano

C	K	A	Z	O	M	K	Đ	K	U	H	O	L	P	V
T	S	R	P	B	R	A	D	A	O	O	S	I	V	L
Z	W	B	V	R	R	A	M	E	V	Ž	M	C	B	A
R	U	K	A	K	L	T	E	E	F	R	A	E	E	K
Đ	B	F	A	K	I	S	A	E	A	V	A	L	G	A
F	T	N	O	I	Y	U	L	E	F	M	O	T	A	T
G	V	R	I	Z	T	P	K	T	B	A	K	E	K	Y
K	O	L	J	E	N	O	K	D	M	I	O	K	M	P
N	O	S	N	J	C	S	N	V	Z	L	K	E	D	B
H	C	C	A	F	B	R	Đ	S	S	M	H	I	G	W
G	A	Y	Ž	D	T	C	V	L	D	R	R	N	P	Y
I	R	Y	E	D	B	E	A	Đ	P	B	F	O	I	D
M	J	V	L	M	A	H	O	V	Z	W	L	G	V	U
W	W	M	G	K	Đ	P	J	J	Z	P	E	A	M	G
H	U	O	N	P	Đ	C	S	S	D	A	O	G	G	I

BRADA
USTA
GLAVA
LICE
MOZAK
LAKAT
SRCE
VRAT
PRST
RAME
JEZIK
RUKA
NOS
OKO
UHO
KOŽA
NOGA
KOLJENO
KRV
GLEŽANJ

34 - Calentamiento Global

Z	L	V	W	P	E	J	I	C	A	R	E	N	E	G
N	Đ	J	Đ	N	O	N	S	B	Z	G	E	B	P	V
A	Z	I	R	K	G	D	E	H	Đ	M	S	K	O	J
N	U	M	E	R	U	T	A	R	E	P	M	E	T	G
S	Z	E	I	R	Z	F	Đ	C	G	V	I	J	R	K
T	A	L	K	A	M	I	L	K	I	I	C	M	S	V
V	A	J	I	R	T	S	U	D	N	I	J	Đ	Đ	G
E	D	T	E	K	A	M	R	K	A	A	D	A	L	V
N	A	S	F	T	S	O	N	Ć	U	D	U	B	V	L
I	S	C	I	I	N	D	O	R	A	N	U	Đ	E	M
K	F	V	I	K	Š	O	L	O	K	E	I	P	Y	W
S	T	A	N	O	V	N	I	Š	T	V	O	L	G	P
R	A	Z	V	O	J	P	A	Ž	N	J	A	I	O	F
P	O	S	L	J	E	D	I	C	E	N	Z	N	Đ	U
Z	A	K	O	N	O	D	A	V	S	T	V	O	O	V

SADA
EKOLOŠKI
PAŽNJA
ARKTIK
ZNANSTVENIK
KLIMA
POSLJEDICE
KRIZA
PODACI
RAZVOJ
ENERGIJA
BUDUĆNOST
PLIN
GENERACIJE
VLADA
INDUSTRIJA
MEĐUNARODNI
ZAKONODAVSTVO
STANOVNIŠTVO
TEMPERATURE

35 - Ciencia

O	R	G	A	N	I	Z	A	M	C	R	R	S	K	E
U	Y	A	N	R	J	C	B	S	A	Č	C	C	T	W
Đ	D	A	Z	A	J	I	C	A	T	I	V	A	R	G
D	T	O	E	J	G	W	A	K	G	N	Z	G	Č	P
J	K	T	W	I	U	F	K	L	W	J	P	H	E	O
M	I	N	E	R	A	L	I	I	C	E	R	T	S	D
K	N	E	J	O	D	J	Z	M	L	N	I	A	T	A
E	E	M	L	T	O	A	I	A	E	I	R	T	I	C
M	V	I	I	A	T	U	F	C	L	C	O	O	C	I
I	T	R	B	R	E	K	M	I	U	A	D	M	E	L
J	S	E	Đ	O	M	Đ	Đ	K	K	L	A	J	Đ	T
S	N	P	V	B	R	D	A	Z	E	T	O	P	I	H
K	A	S	G	A	Y	O	S	M	L	T	G	V	D	H
I	N	K	R	L	L	L	I	S	O	F	B	M	E	W
K	Z	E	O	C	S	D	N	F	M	M	W	D	L	F

ATOM
ZNANSTVENIK
KLIMA
PODACI
EVOLUCIJA
EKSPERIMENT
FIZIKA
FOSIL
GRAVITACIJA
ČINJENICA
HIPOTEZA
LABORATORIJ
METODA
MINERALI
MOLEKULE
PRIRODA
ORGANIZAM
ČESTICE
BILJE
KEMIJSKI

36 - Restaurante #2

E	R	H	N	O	N	A	M	P	N	U	K	G	U	A
V	O	Ć	E	O	J	Y	J	G	D	E	O	O	K	G
R	L	Đ	Ć	V	O	Z	T	E	P	E	N	O	U	M
V	S	S	R	B	L	K	A	Č	U	R	O	B	S	M
K	Z	D	V	I	E	W	U	Č	R	D	B	J	N	D
Y	U	B	O	Đ	J	O	K	L	I	Y	A	A	O	C
P	A	O	P	S	D	E	L	T	I	N	R	J	B	W
C	I	V	E	Č	E	R	A	D	O	V	I	A	W	R
S	R	Ć	T	O	R	T	A	Ž	V	I	L	I	C	A
F	A	Y	E	W	P	R	I	L	O	S	L	Đ	H	T
F	D	L	I	R	I	B	A	I	N	E	T	F	H	G
A	O	G	A	S	J	E	S	C	A	Y	L	I	V	J
K	H	Y	N	T	W	A	H	A	I	Z	D	I	Z	U
Đ	V	P	I	T	A	S	T	O	L	I	C	A	L	H
K	H	I	O	W	V	H	R	B	J	I	I	G	M	A

VODA
RUČAK
PREDJELO
PIĆE
KONOBAR
VEČERA
ŽLICA
UKUSNO
SALATA
ZAČINI
VOĆE
LED
JAJA
TORTA
RIBA
SOL
STOLICA
JUHA
VILICA
POVRĆE

37 - Profesiones #1

M	P	A	G	E	O	L	O	G	I	N	L	Đ	Z	S
O	I	M	C	T	L	D	L	I	J	E	Č	N	I	K
R	J	B	A	S	T	R	O	N	O	M	C	G	P	I
N	A	A	T	F	I	K	I	N	E	B	Z	A	L	G
A	N	S	O	D	V	J	E	T	N	I	K	R	E	B
R	I	A	P	K	A	R	T	O	G	R	A	F	S	Z
Y	S	D	S	V	E	T	E	R	I	N	A	R	A	L
P	T	O	U	P	R	E	P	D	R	M	G	E	Č	A
D	S	R	P	M	O	U	R	E	D	N	I	K	I	T
Đ	Z	I	J	A	R	R	E	N	E	R	T	D	C	A
C	Y	H	H	D	O	C	T	G	D	B	V	R	A	R
A	W	M	B	O	C	A	S	A	G	O	R	T	A	V
O	H	Đ	Z	Z	L	V	V	O	Š	M	Y	O	G	Đ
S	B	Z	P	D	D	O	Z	Z	F	P	I	T	V	C
Z	T	O	W	G	B	L	G	B	A	N	K	A	R	M

ODVJETNIK
ASTRONOM
SPORTAŠ
PLESAČICA
BANKAR
VATROGASAC
KARTOGRAF
LOVAC
LIJEČNIK
UREDNIK
AMBASADOR
TRENER
GEOLOG
ZLATAR
MORNAR
GLAZBENIK
PIJANIST
PSIHOLOG
VETERINAR

38 - Vehículos

V	H	S	O	Č	A	N	C	A	M	A	Č	J	I	V
R	B	K	W	U	D	H	C	U	G	U	M	E	F	A
E	Y	A	F	N	S	K	G	T	N	W	N	P	U	Đ
T	N	T	L	A	O	H	N	O	I	M	A	K	S	N
P	A	E	R	K	C	U	J	M	C	V	K	Đ	O	V
O	V	K	N	A	Ć	O	M	O	P	A	N	T	I	H
K	A	A	S	C	J	V	V	B	D	L	V	Z	B	O
I	R	R	U	I	N	E	O	I	B	P	L	K	M	T
L	A	U	B	N	N	Đ	K	L	A	S	A	A	O	B
E	K	L	O	R	M	A	D	T	P	R	K	L	K	B
H	Đ	Z	T	O	Z	Z	H	A	R	O	H	W	T	R
T	C	R	U	M	B	I	C	I	K	L	K	L	N	W
I	O	C	A	D	T	R	A	K	T	O	R	A	J	E
L	R	V	C	O	M	O	T	O	R	O	C	B	R	A
N	C	G	D	P	O	W	A	B	R	E	G	S	H	Z

HITNA POMOĆ
AUTOBUS
ZRAKOPLOV
SPLAV
ČAMAC
BICIKL
KAMION
KARAVAN
AUTOMOBIL
RAKETA
TRAJEKT
KOMBI
HELIKOPTER
ČUNAK
MOTOR
GUME
PODMORNICA
TAKSI
TRAKTOR
VLAK

39 - Geometría

T	S	I	K	R	I	V	U	L	J	A	Z	V	P	G
G	E	S	Z	O	K	O	M	I	T	W	G	I	O	E
V	G	E	A	R	R	D	U	P	P	A	D	S	V	A
R	M	W	B	W	A	J	I	R	O	E	T	I	R	N
C	E	Z	M	H	N	Č	Đ	N	U	G	R	N	Š	P
O	N	B	K	N	A	T	U	K	O	R	T	A	I	R
W	T	D	C	L	J	R	F	N	R	E	Z	N	N	O
K	U	T	I	S	I	M	E	T	R	I	J	A	A	M
A	G	D	O	M	D	B	R	O	J	Y	A	V	K	J
Đ	L	O	N	L	E	L	A	R	A	P	L	A	I	E
M	G	L	U	P	M	N	U	B	L	H	L	R	G	R
W	A	F	R	A	P	N	Z	M	V	K	U	O	O	R
A	O	S	T	J	E	H	I	I	F	B	W	D	L	V
C	A	H	A	D	Y	O	C	I	J	M	Y	O	L	T
P	R	O	P	O	R	C	I	J	A	A	J	V	U	M

VISINA
KUT
IZRAČUN
KRIVULJA
PROMJER
DIMENZIJA
VODORAVAN
LOGIKA
MASA
MEDIJAN
BROJ
PARALELNO
PROPORCIJA
SEGMENT
SIMETRIJA
POVRŠINA
TEORIJA
TROKUT
OKOMIT

40 - Vacaciones #2

F	G	P	N	P	I	O	J	O	H	T	I	G	G	Z
P	O	V	L	F	R	O	M	D	O	H	G	P	J	R
L	G	T	J	A	C	I	N	V	O	T	U	P	S	A
A	D	D	O	K	N	T	J	Y	N	G	J	A	T	Č
Ž	K	C	S	G	O	I	L	E	T	O	H	W	R	N
A	T	Đ	L	W	R	N	N	L	V	K	O	Đ	A	A
V	I	Z	A	G	M	A	T	E	R	O	M	E	N	L
O	T	O	K	K	O	R	F	O	Y	V	Z	I	A	U
K	A	R	T	A	I	O	B	I	S	K	A	T	C	K
Š	Y	Z	W	L	B	T	I	V	J	K	C	U	U	A
A	A	O	M	V	M	S	O	G	W	E	A	J	C	L
T	N	U	A	Z	Y	E	T	Š	I	D	E	R	D	O
O	J	W	M	J	H	R	W	Z	Z	O	V	I	M	J
R	P	U	T	O	V	A	N	J	E	U	B	V	J	T
L	K	R	E	Z	E	R	V	A	C	I	J	E	U	I

ZRAČNA LUKA
ŠATOR
ODREDIŠTE
STRANAC
FOTOGRAFIJE
HOTEL
OTOK
KARTA
MORE
PLANINE
PUTOVNICA
PLAŽA
REZERVACIJE
RESTORAN
TAKSI
PRIJEVOZ
VLAK
ODMOR
PUTOVANJE
VIZA

41 - Baile

G	R	E	N	T	R	A	P	V	V	I	B	K	K	Y
S	Y	A	J	V	K	T	G	I	G	Z	K	U	U	Y
F	R	Z	D	P	O	K	R	E	T	R	O	L	L	L
H	H	A	Y	O	K	M	I	U	V	A	R	T	T	N
F	A	S	A	L	S	W	R	D	B	Ž	E	U	U	N
G	I	K	S	E	Đ	T	Y	E	J	A	O	R	R	D
A	L	Y	E	J	R	M	A	Đ	P	J	G	N	A	J
E	K	A	C	I	Y	Đ	J	N	D	A	R	I	H	A
U	H	A	Z	T	T	S	I	E	J	N	A	Ž	R	D
R	C	K	D	B	D	Z	C	W	J	J	F	S	F	O
W	H	E	E	E	A	F	O	V	P	O	I	Z	Đ	U
V	I	D	N	I	M	G	M	H	R	B	J	T	R	U
M	I	L	O	S	T	I	E	C	O	M	A	T	I	R
R	T	O	E	H	F	K	J	L	B	L	S	U	E	C
K	L	A	S	I	Č	N	I	A	A	J	T	U	N	W

AKADEMIJA
RADOSTAN
KLASIČNI
KOREOGRAFIJA
TIJELO
KULTURA
KULTURNI
EMOCIJA
PROBA
IZRAŽAJAN
MILOST
POKRET
GLAZBA
DRŽANJE
RITAM
SKOK
PARTNER
VIDNI

42 - Matemáticas

F	R	A	K	C	I	J	A	T	P	A	I	N	F	K
D	E	C	I	M	A	L	A	R	R	K	B	T	S	U
R	T	I	K	R	V	Z	P	O	O	I	L	O	Đ	T
Y	A	S	F	E	R	A	H	K	M	T	Y	N	S	O
L	N	D	K	V	Z	Đ	C	U	J	E	G	L	L	V
R	I	A	I	A	J	I	R	T	E	M	O	E	G	I
A	E	I	B	J	B	A	Đ	Đ	R	T	T	L	E	S
T	S	K	N	J	U	Ž	R	V	J	I	P	A	S	I
E	M	F	P	N	L	S	D	O	B	R	G	R	P	M
M	A	R	G	O	L	E	L	A	R	A	P	A	O	E
I	R	C	Y	G	T	K	Y	G	N	N	D	P	E	T
R	A	A	C	I	M	O	K	O	K	D	W	A	V	R
E	P	F	Y	L	C	B	W	T	I	U	E	C	F	I
P	M	L	V	O	V	O	L	U	M	E	N	J	N	J
Y	C	J	C	P	E	K	S	P	O	N	E	N	T	A

ARITMETIKA
KUTOVI
OPSEG
DECIMALA
PROMJER
JEDNADŽBA
SFERA
EKSPONENT
FRAKCIJA
GEOMETRIJA
PARALELNO
PARALELOGRAM
PERIMETAR
OKOMICA
POLIGON
RADIJUS
SIMETRIJA
TROKUT
VOLUMEN

43 - Restaurante #1

K	I	E	S	I	K	D	B	Đ	Z	T	C	I	A	C
I	U	U	F	A	N	E	N	I	D	O	G	Z	L	U
N	I	H	J	I	T	S	E	J	J	Z	Y	D	E	M
V	A	I	I	Z	D	E	T	T	E	J	Đ	S	R	U
O	R	F	M	N	I	R	A	A	L	V	U	A	G	Đ
L	K	A	V	A	J	T	N	N	A	M	B	S	I	A
E	Z	G	Đ	O	T	A	J	J	O	V	R	T	J	C
J	H	T	B	C	E	A	U	K	B	Ž	U	O	A	I
I	R	V	C	Y	I	J	R	Z	S	H	S	J	O	R
R	E	Z	E	R	V	A	C	I	J	A	H	C	K	A
E	H	I	L	B	C	I	N	T	U	K	A	I	R	B
U	Z	I	K	K	I	N	J	A	G	A	L	B	U	O
P	O	B	Y	Đ	L	B	G	R	R	U	P	V	H	N
U	M	A	K	V	Z	C	M	W	N	H	M	E	S	O
P	I	L	E	T	I	N	A	O	C	L	J	C	D	K

ALERGIJA
KAVA
BLAGAJNIK
KONOBARICA
MESO
KUHINJA
JESTI
HRANA
NOŽ
SASTOJCI
JELOVNIK
KRUH
AKUTNI
TANJUR
PILETINA
DESERT
REZERVACIJA
UMAK
UBRUS
ZDJELA

44 - Profesiones #2

J	N	F	T	U	A	N	O	R	T	S	A	G	J	I
S	E	O	O	I	N	Ž	E	N	J	E	R	I	M	Z
L	O	Z	L	T	G	Y	Z	O	O	L	O	G	C	U
I	Đ	O	I	R	O	T	A	R	T	S	U	L	I	M
K	C	L	P	K	L	G	S	N	O	A	S	J	K	I
A	I	I	F	H	O	V	R	A	L	T	R	V	N	T
R	A	F	P	Y	I	S	Y	A	R	K	Y	I	J	E
G	G	N	R	Y	B	B	L	B	F	E	A	T	I	L
T	C	B	R	O	S	E	F	O	R	P	A	K	Ž	J
J	H	A	D	I	K	T	Z	Y	V	O	B	E	N	C
N	O	V	I	N	A	R	M	U	F	A	G	T	I	P
H	D	J	F	O	S	P	O	F	B	R	C	E	Č	S
L	I	J	E	Č	N	I	K	D	F	A	E	D	A	S
I	S	T	R	A	Ž	I	V	A	Č	P	R	S	R	V
H	F	V	P	K	I	R	U	R	G	S	C	P	Y	A

ASTRONAUT
KNJIŽNIČAR
BIOLOG
KIRURG
ZUBAR
DETEKTIV
FILOZOF
FOTOGRAF
ILUSTRATOR
INŽENJER
IZUMITELJ
ISTRAŽIVAČ
VRTLAR
JEZIKOSLOVAC
LIJEČNIK
NOVINAR
PILOT
SLIKAR
PROFESOR
ZOOLOG

45 - Naturaleza

B	I	T	A	N	D	I	D	E	L	H	A	L	R	L
B	G	W	G	A	I	J	L	V	I	D	K	H	T	J
J	P	J	L	H	N	A	J	O	K	O	P	S	J	E
W	V	U	Đ	R	A	E	P	U	S	B	F	J	I	P
E	A	O	B	M	M	J	G	U	C	R	R	O	M	O
U	K	O	A	K	I	N	I	K	S	P	O	R	T	T
Y	E	E	A	H	Č	I	R	Z	B	T	W	Z	F	A
F	J	M	U	Đ	A	T	L	E	O	U	I	T	K	A
L	I	Š	Ć	E	N	O	Đ	T	J	R	E	N	A	E
A	R	K	T	I	K	V	M	Š	U	S	E	Z	J	C
M	B	K	I	C	L	I	I	I	V	Đ	U	H	N	A
A	R	S	O	A	F	Ž	S	T	R	W	V	U	E	M
G	L	H	E	L	E	Č	P	E	A	N	H	W	D	U
L	H	D	I	B	S	C	U	V	B	B	O	N	E	Š
A	V	O	Y	O	Đ	J	H	S	V	L	E	R	L	A

PČELE
ŽIVOTINJE
ARKTIK
LJEPOTA
ŠUMA
PUSTINJA
DINAMIČAN
EROZIJA
LIŠĆE
LEDENJAK
MAGLA
OBLACI
MIRNO
RIJEKA
DIVLJI
SVETIŠTE
SPOKOJAN
TROPSKI
BITAN

46 - Conduciendo

J	T	H	Y	K	A	M	I	O	N	G	Z	B	M	P
T	Y	Đ	F	K	C	T	N	B	W	O	G	W	J	R
U	L	I	C	A	N	L	R	M	U	R	W	Y	V	O
P	T	G	J	S	E	S	K	A	C	I	O	P	T	M
J	P	A	C	V	C	Y	W	J	K	V	Y	T	S	E
E	O	R	E	C	I	N	Č	O	K	O	Z	S	O	T
Š	L	A	K	U	L	U	Đ	V	P	Z	N	O	N	M
A	I	Ž	L	K	I	C	O	T	O	M	E	N	S	B
K	C	A	T	O	B	G	N	T	J	P	S	R	A	R
Z	I	Z	P	E	O	P	L	I	N	I	R	U	P	Z
D	J	Đ	S	O	M	T	U	N	E	L	E	G	O	I
A	A	K	T	B	O	H	C	O	L	E	Ć	I	D	N
N	P	H	B	C	T	Z	L	R	Y	V	A	S	D	A
K	Y	P	Y	I	U	P	R	I	J	E	V	O	Z	J
G	J	S	S	C	A	U	E	Z	C	K	H	W	O	A

NESREĆA
ULICA
KAMION
AUTOMOBIL
GORIVO
KOČNICE
GARAŽA
PLIN
LICENCA
KARTA
MOTOCIKL
MOTOR
PJEŠAK
OPASNOST
POLICIJA
SIGURNOST
PRIJEVOZ
PROMET
TUNEL
BRZINA

47 - Ballet

P	I	Z	R	A	Ž	A	J	A	N	W	O	R	Đ	K
B	R	A	T	S	E	K	R	O	H	Đ	U	K	I	O
A	C	A	K	I	L	B	U	P	K	V	L	E	U	R
L	E	N	K	A	S	E	J	L	P	R	R	L	W	E
E	L	I	T	S	S	D	Y	Đ	A	L	I	L	Đ	O
R	E	T	E	U	A	F	Đ	E	Đ	A	T	S	E	G
I	L	Š	J	A	I	K	V	A	B	Z	A	L	G	R
N	I	E	I	K	Č	I	N	T	E	J	M	U	T	A
A	A	J	C	Z	A	I	Ć	K	Đ	T	G	K	E	F
P	V	V	K	T	S	E	M	I	V	G	A	L	H	I
D	R	W	E	M	E	P	M	N	Š	A	S	O	N	J
J	Y	O	L	B	L	S	A	J	F	I	M	S	I	A
B	N	I	B	L	P	K	H	R	E	R	M	H	K	Y
J	L	E	T	A	D	A	L	K	S	J	E	O	A	E
I	N	T	E	N	Z	I	T	E	T	S	W	K	Z	U

PLJESAK
UMJETNIČKI
PUBLIKA
BALERINA
PLESAČI
SKLADATELJ
KOREOGRAFIJA
PROBA
STIL
IZRAŽAJAN
GESTA
VJEŠTINA
INTENZITET
LEKCIJE
MIŠIĆI
GLAZBA
ORKESTAR
PRAKSA
RITAM
TEHNIKA

48 - Fuerza y Gravedad

P	U	U	W	N	C	Đ	E	G	Y	Đ	A	F	H	D
S	R	O	J	A	V	P	T	W	U	A	N	Z	K	I
V	A	O	P	N	M	O	E	W	Y	L	I	W	B	N
O	T	O	Š	T	R	E	N	J	E	M	Z	K	W	A
J	N	T	D	I	V	M	A	U	D	A	R	A	C	M
S	E	K	F	A	R	R	L	Y	Z	Z	B	T	P	I
T	C	R	C	G	V	E	P	P	R	I	D	I	R	Č
V	Y	I	C	S	K	W	N	O	N	T	V	B	I	A
A	P	Ć	M	O	P	L	G	J	Y	E	R	R	T	N
Đ	Đ	E	K	A	S	M	G	C	E	N	I	O	I	L
S	F	T	E	Ž	I	N	A	E	M	G	J	B	S	H
U	D	A	L	J	E	N	O	S	T	A	E	S	A	Đ
P	O	K	R	E	T	R	N	H	Đ	M	M	L	K	W
U	N	I	V	E	R	Z	A	L	A	N	E	T	O	Đ
M	E	H	A	N	I	K	A	K	I	Z	I	F	G	H

CENTAR
OTKRIĆE
DINAMIČAN
UDALJENOST
OS
PROŠIRENJE
FIZIKA
TRENJE
UDARAC
MAGNETIZAM
MEHANIKA
POKRET
ORBITA
TEŽINA
PLANETE
PRITISAK
SVOJSTVA
VRIJEME
UNIVERZALAN
BRZINA

49 - Aventura

E	T	Š	I	D	E	R	D	O	B	P	N	S	S	T
N	T	S	O	N	V	I	T	K	A	R	E	H	I	E
T	S	O	R	B	A	R	H	O	E	I	O	O	G	Š
U	O	T	O	S	S	K	U	M	P	R	B	E	U	K
Z	D	M	J	T	D	F	I	R	P	O	I	I	R	O
I	A	T	O	P	E	J	L	L	T	D	Č	T	N	Ć
J	R	O	E	Y	S	U	L	N	I	A	N	I	O	A
A	P	R	I	P	R	E	M	A	U	R	O	N	S	Z
Z	N	A	V	I	G	A	C	I	J	A	P	E	T	Z
A	I	J	L	E	T	A	J	I	R	P	P	R	F	V
M	O	Y	T	C	I	K	B	Z	Z	E	H	A	R	I
P	U	T	O	V	A	N	J	A	M	L	F	R	S	C
N	T	J	Đ	R	K	M	S	N	E	B	E	K	B	L
K	W	N	O	V	O	N	S	A	P	O	F	T	S	K
I	Z	N	E	N	A	Đ	U	J	U	Ć	I	E	Y	U

AKTIVNOST
RADOST
PRIJATELJI
LJEPOTA
ODREDIŠTE
TEŠKOĆA
ENTUZIJAZAM
IZLET
NEOBIČNO
ITINERAR
PRIRODA
NAVIGACIJA
NOVO
PRILIKA
OPASNO
PRIPREMA
SIGURNOST
IZNENAĐUJUĆI
HRABROST
PUTOVANJA

50 - Pájaros

O	Č	W	W	T	Y	J	L	K	J	A	J	E	R	K
G	Y	A	W	Z	D	Đ	O	A	R	O	O	C	Đ	B
Đ	F	N	P	H	Đ	O	K	V	B	Y	N	T	Y	P
H	U	A	O	L	O	K	O	R	U	U	H	O	R	F
G	N	R	H	Đ	J	N	S	A	L	O	D	U	O	Đ
U	A	V	T	J	O	A	V	B	O	L	W	C	D	S
R	K	L	D	O	O	E	K	A	G	R	E	A	A	R
M	I	P	E	D	Y	T	L	C	G	O	I	N	H	L
V	L	A	O	B	F	L	A	M	I	N	G	O	W	Z
D	E	T	L	Y	K	U	K	A	V	I	C	A	P	Z
U	P	K	N	L	Z	D	S	A	F	Y	V	E	A	Y
Z	A	A	P	N	P	B	U	L	S	U	N	E	P	V
T	M	Y	Z	K	E	Đ	G	G	D	B	M	G	I	O
C	G	P	I	L	E	T	I	N	A	A	W	R	G	G
J	Z	I	T	P	I	N	G	V	I	N	L	H	A	A

NOJ
ORAO
RODA
LABUD
KUKAVICA
VRANA
FLAMINGO
GUSKA
ČAPLJA
GALEB
VRABAC
SOKOL
JAJE
PAPIGA
GOLUB
PATKA
PELIKAN
PINGVIN
PILETINA
TOUCAN

51 - Geografía

Z	R	Đ	B	R	W	F	P	C	U	G	S	S	O	B
E	L	L	M	E	T	S	O	I	Z	N	W	B	E	P
M	M	S	G	G	U	J	D	V	H	S	B	C	N	U
L	L	B	A	I	Đ	Z	R	Y	W	J	J	T	A	D
J	Z	G	F	J	K	T	U	R	M	O	R	E	J	A
A	C	A	D	A	Đ	H	Č	S	A	K	E	J	I	R
N	G	R	P	U	R	D	J	H	N	O	V	I	D	G
I	Đ	E	A	A	Ž	P	E	V	I	T	E	V	I	L
R	R	F	O	T	D	I	G	H	N	O	J	S	R	A
I	U	S	R	R	L	U	N	Y	A	A	S	S	E	N
Š	B	I	I	A	H	A	Z	A	L	E	Đ	U	M	S
O	C	M	Z	K	S	Y	S	A	P	Đ	J	I	Z	D
T	N	E	N	I	T	N	O	K	V	I	S	I	N	A
G	F	H	V	L	D	C	D	G	Đ	D	S	J	C	L
G	Z	E	G	Đ	M	Y	G	C	S	B	E	M	H	Y

VISINA
ATLAS
GRAD
KONTINENT
HEMISFERA
OTOK
ŠIRINA
DUŽINA
KARTA
MORE

MERIDIJAN
PLANINA
SVIJET
SJEVER
ZAPAD
ZEMLJA
REGIJA
RIJEKA
JUG
PODRUČJE

52 - Música

C	O	F	I	T	A	V	E	J	P	K	P	H	S	G
W	P	Č	A	V	E	J	P	S	I	L	J	A	A	L
W	E	P	K	D	J	M	U	B	L	A	E	R	W	A
O	R	R	W	H	N	B	P	H	M	S	S	M	J	Z
M	A	D	I	F	A	T	N	O	I	I	N	O	W	B
R	J	L	H	O	M	M	R	T	K	Č	I	N	A	E
H	I	U	O	Z	I	N	P	Đ	R	N	Č	I	B	N
U	Z	T	Z	V	N	Đ	B	O	O	I	K	J	A	I
I	B	E	A	I	S	I	F	B	F	B	I	S	L	K
T	O	V	E	M	K	L	Đ	N	O	V	G	K	A	K
A	R	Z	M	U	G	L	Y	Y	N	G	T	I	D	Y
I	M	P	R	O	V	I	Z	I	R	A	T	I	A	F
V	O	K	A	L	N	I	S	K	L	A	D	Z	J	D
A	M	E	L	O	D	I	J	A	O	U	L	R	Y	F
I	N	S	T	R	U	M	E	N	T	U	Đ	S	Z	N

SKLAD
HARMONIJSKI
ALBUM
BALADA
PJEVAČ
PJEVATI
KLASIČNI
ZBOR
SNIMANJE
IMPROVIZIRATI
INSTRUMENT
MELODIJA
MIKROFON
MJUZIKL
GLAZBENIK
OPERA
PJESNIČKI
RITAM
TEMPO
VOKALNI

53 - Enfermedad

W	N	A	T	U	K	A	P	V	T	I	S	C	O	A
E	A	I	N	Š	I	D	W	T	E	P	Đ	Y	W	Đ
L	S	K	T	V	L	U	B	I	T	S	O	K	F	A
L	L	S	L	A	B	D	I	J	Đ	P	G	J	U	J
N	J	T	B	V	F	S	T	E	T	I	N	U	M	I
E	E	E	J	I	G	R	E	L	A	P	O	U	O	T
S	D	N	Z	K	U	B	C	O	M	U	A	P	R	A
S	N	E	A	D	R	F	R	U	U	K	Y	A	D	P
J	O	G	N	Z	R	O	S	S	A	L	G	L	N	O
K	M	H	E	L	A	A	N	T	H	F	A	A	I	R
N	U	D	G	R	J	R	V	I	J	U	H	K	S	U
E	Z	V	O	P	Z	R	A	L	Č	L	T	U	Đ	E
G	I	R	T	T	L	C	V	Z	J	A	J	H	C	N
Z	S	R	A	P	L	U	Ć	N	I	E	N	T	B	I
Y	M	O	P	S	T	E	R	A	P	I	J	A	S	O

AKUTAN
ALERGIJE
WELLNESS
ZARAZAN
SRCE
KRONIČAN
TIJELO
SLAB
GENETSKI
NASLJEDNO
KOSTI
UPALA
IMUNITET
NEUROPATIJA
PATOGENA
PLUĆNI
DIŠNI
ZDRAVLJE
SINDROM
TERAPIJA

54 - Actividades

O	B	R	T	V	R	T	L	A	R	S	T	V	O	U
W	V	K	I	G	R	E	J	N	A	T	I	Č	P	M
V	J	E	Š	T	I	N	A	S	M	R	Đ	A	J	J
S	P	L	E	T	E	N	J	E	L	L	H	H	E	E
A	Z	H	P	T	E	J	N	A	V	I	Š	U	Š	T
F	O	T	O	G	R	A	F	I	J	A	K	O	A	N
B	V	A	S	L	Đ	Y	T	Đ	V	W	D	A	Č	O
O	P	U	Š	T	A	N	J	E	I	I	H	L	E	S
M	Z	A	D	O	V	O	L	J	S	T	V	O	N	T
Z	E	S	V	K	S	O	N	L	E	M	T	U	J	V
N	E	P	V	P	Đ	S	L	L	R	A	R	J	E	G
A	K	T	I	V	N	O	S	T	E	G	L	V	P	M
Z	A	G	O	N	E	T	K	E	T	I	Y	C	M	W
D	K	E	R	A	M	I	K	A	N	J	Y	R	P	T
R	I	B	A	R	S	T	V	O	I	A	Đ	U	G	V

AKTIVNOST
UMJETNOST
OBRT
LOV
KERAMIKA
ŠIVANJE
FOTOGRAFIJA
VJEŠTINA
INTERESI
VRTLARSTVO
IGRE
ČITANJE
MAGIJA
RIBARSTVO
SLIKA
ZADOVOLJSTVO
OPUŠTANJE
ZAGONETKE
PJEŠAČENJE
PLETENJE

55 - Verduras

R	E	V	U	V	O	Š	B	R	O	K	U	L	A	H
K	E	U	R	D	R	I	P	F	Y	S	Z	Z	V	Y
K	E	P	Đ	O	Đ	A	C	I	Č	J	A	R	K	W
A	R	K	A	J	N	Š	E	Č	N	J	L	W	R	Đ
Š	I	A	B	U	N	D	E	V	A	A	N	K	M	Z
A	P	C	S	F	D	N	I	A	P	M	T	T	Z	C
R	M	I	E	T	J	U	K	P	E	O	I	E	E	D
G	U	V	F	B	A	M	V	O	R	C	G	O	S	G
S	R	K	W	C	F	V	F	Y	Š	L	U	K	M	U
Đ	K	T	L	Y	W	G	A	V	I	J	L	G	A	Y
T	A	O	J	E	C	L	N	C	N	R	J	P	S	B
P	V	R	P	P	A	T	L	I	D	Ž	A	N	L	J
A	R	T	I	Č	O	K	A	Y	O	P	T	H	I	I
C	E	L	E	R	Đ	U	M	B	I	R	L	L	N	G
K	M	R	J	O	Đ	S	A	L	A	T	A	B	A	F

ČEŠNJAK
ARTIČOKA
CELER
PATLIDŽAN
BROKULA
BUNDEVA
LUK
SALATA
ŠPINAT
GRAŠAK
ĐUMBIR
REPA
MASLINA
KRUMPIR
KRASTAVAC
PERŠIN
ROTKVICA
GLJIVA
RAJČICA
MRKVA

56 - Instrumentos Musicales

Z	E	K	H	I	T	R	F	J	A	S	F	T	Z	L
R	J	L	A	A	T	U	A	L	F	Z	G	R	G	N
I	L	A	F	O	R	T	M	G	J	K	C	O	V	R
I	O	R	N	D	B	F	Đ	I	F	L	F	M	U	W
N	B	I	S	N	G	E	A	S	A	A	A	B	D	B
B	U	N	O	F	O	S	K	A	S	V	G	O	A	U
H	B	E	P	R	L	G	I	O	U	I	O	N	R	M
K	A	T	O	A	U	H	N	B	N	R	T	L	A	H
A	N	I	L	O	I	V	O	O	C	L	J	P	L	U
B	J	Đ	I	G	Đ	D	M	Y	G	H	P	K	J	B
M	Z	H	I	K	Š	A	R	U	B	M	A	T	K	E
I	S	T	W	T	P	K	A	R	A	T	I	G	E	N
R	F	F	R	S	E	G	H	T	R	U	B	A	T	D
A	V	I	O	L	O	N	Č	E	L	O	W	I	Y	Ž
M	F	P	Z	W	M	A	N	D	O	L	I	N	A	O

HARMONIKA
HARFA
BENDŽO
KLARINET
FAGOT
FLAUTA
GONG
GITARA
MANDOLINA
MARIMBA
OBOA
TAMBURAŠKI
UDARALJKE
KLAVIR
SAKSOFON
BUBANJ
TROMBON
TRUBA
VIOLINA
VIOLONČELO

57 - Formas

R	K	Y	K	P	Z	N	N	R	M	Z	C	D	Y	F
C	R	A	T	R	C	I	L	I	N	D	A	R	V	F
E	I	K	U	A	L	O	B	R	E	P	I	H	N	I
M	V	U	K	V	K	L	T	R	T	C	J	J	I	G
I	U	U	O	O	U	C	E	L	I	P	S	A	P	O
N	L	L	R	K	G	B	O	Z	W	J	H	H	E	I
P	J	L	T	U	V	M	N	K	J	B	M	M	Z	G
O	A	U	R	T	U	K	P	I	R	A	M	I	D	A
L	S	K	W	N	A	L	A	V	O	M	S	V	I	M
I	S	F	Y	I	Đ	G	O	B	V	Z	W	O	E	W
G	E	T	E	K	K	O	N	U	S	I	Đ	B	R	F
O	R	P	R	R	M	Z	S	W	W	R	D	U	I	O
N	F	K	U	A	A	J	A	U	H	P	O	R	S	E
V	U	K	H	L	N	K	V	A	D	R	A	T	O	S
K	R	U	G	N	F	A	R	Z	B	T	D	Đ	P	O

LUK
RUBOVI
CILINDAR
KRUG
KONUS
KVADRAT
KOCKA
KRIVULJA
ELIPSA
SFERA
KUT
HIPERBOLA
STRANA
CRTA
OVALAN
PIRAMIDA
POLIGON
PRIZMA
PRAVOKUTNIK
TROKUT

58 - Flores

T	L	L	D	N	V	G	G	D	H	O	M	G	Y	O
D	R	U	Ž	O	B	J	H	O	I	D	A	Ž	U	R
J	K	A	Č	A	L	S	A	M	B	M	G	S	L	T
E	J	D	T	J	J	F	W	E	I	A	N	J	J	U
T	Đ	N	B	I	S	S	I	C	S	K	O	A	I	L
E	Đ	A	Y	N	N	U	A	U	K	Z	L	S	L	I
L	Đ	V	V	E	P	Č	N	T	U	S	I	M	J	P
I	G	A	Đ	D	P	L	I	C	S	T	J	I	A	A
N	Y	L	J	R	Đ	U	U	C	O	S	A	N	N	N
A	G	R	M	A	T	D	M	M	A	K	L	I	L	A
Đ	D	A	P	G	K	D	T	Đ	E	A	R	U	Z	D
N	C	O	R	H	I	D	E	J	A	R	N	E	P	S
N	A	R	C	I	S	B	U	K	E	T	I	F	T	W
K	P	T	P	F	L	A	T	I	C	A	J	J	G	I
O	D	Z	E	U	M	F	Đ	K	C	H	K	D	A	B

MAK
MASLAČAK
GARDENIJA
SUNCOKRET
HIBISKUS
JASMIN
LAVANDA
LILA
LJILJAN
MAGNOLIJA
TRATINČICA
NARCIS
ORHIDEJA
BOŽUR
LATICA
PLUMERIJA
BUKET
RUŽA
DJETELINA
TULIPAN

59 - Astronomía

A	J	L	M	E	Z	T	S	R	I	M	E	V	S	P
S	K	F	L	T	C	J	E	N	A	R	Đ	P	O	O
T	T	C	N	Y	T	Đ	A	L	E	K	N	M	E	M
R	M	A	J	B	L	F	C	A	E	B	E	F	P	R
O	J	S	A	T	E	L	I	T	C	S	O	T	O	Č
N	E	G	J	M	K	M	N	C	J	F	K	Z	A	I
A	S	A	I	E	O	O	R	E	S	P	F	O	L	N
U	E	L	C	T	Z	N	A	T	E	N	A	L	P	A
T	C	A	O	E	M	O	D	I	O	R	E	T	S	A
L	J	K	N	O	O	R	Z	B	Đ	Y	F	A	W	B
F	A	S	I	R	S	T	E	P	F	K	F	V	H	E
I	C	I	V	K	V	S	J	K	L	G	E	U	R	T
Z	F	J	K	Z	V	A	V	O	N	R	E	P	U	S
G	U	A	E	A	E	B	Z	B	C	F	T	I	D	C
Z	R	A	Č	E	N	J	E	Đ	I	R	A	B	D	U

ASTEROID
ASTRONAUT
ASTRONOM
NEBO
RAKETA
KOZMOS
POMRČINA
EKVINOCIJA
GALAKSIJA
MJESEC
METEOR
ZVJEZDARNICA
PLANETA
ZRAČENJE
SATELIT
SUPERNOVA
TELESKOP
ZEMLJA
SVEMIR

60 - Tiempo

B	R	T	N	T	E	J	I	R	P	C	D	K	P	L
O	U	L	H	J	U	U	M	C	L	O	S	A	D	A
R	P	D	V	M	O	F	U	O	D	N	D	D	K	F
T	A	S	U	K	A	L	E	N	D	A	R	N	C	B
U	R	H	K	Ć	O	N	L	G	B	R	S	A	E	S
J	E	E	I	J	N	Š	I	D	O	G	E	D	S	T
H	Č	A	N	I	D	O	G	C	E	O	N	E	E	O
C	U	D	Y	U	A	N	S	A	N	A	D	J	J	L
R	J	L	B	N	T	R	Y	T	K	T	S	T	M	J
Đ	F	S	Y	J	V	A	L	P	C	U	U	B	O	E
H	O	E	H	A	F	Đ	K	Đ	I	N	P	K	H	Ć
D	E	S	E	T	L	J	E	Ć	E	I	N	R	O	E
J	I	S	P	K	E	M	D	L	V	M	C	R	S	D
H	A	Đ	J	Z	R	V	T	F	N	Z	K	I	I	E
D	E	Z	K	W	T	O	B	P	J	U	J	D	A	N

SADA
PRIJE
GODIŠNJI
GODINA
JUČER
KALENDAR
DESETLJEĆE
DAN
BUDUĆNOST
DANAS
JUTRO
PODNE
MJESEC
MINUTA
TRENUTAK
NOĆ
SAT
TJEDAN
STOLJEĆE
RANO

61 - Paisajes

T	T	J	E	Z	E	R	O	B	Z	U	T	P	H	J
T	U	N	D	R	A	K	H	D	Đ	D	B	U	G	N
E	P	L	A	G	U	N	A	Y	T	S	B	S	C	M
E	L	B	E	K	A	J	N	E	D	E	L	T	W	W
W	A	W	R	O	N	O	I	V	P	Ć	W	I	M	Y
E	Ž	V	I	T	A	J	L	I	P	Š	E	N	O	K
O	A	Y	J	O	K	A	O	L	P	U	N	J	Č	R
Z	R	K	E	P	L	I	D	B	E	Đ	Y	A	V	L
B	N	Z	K	K	U	N	S	V	Đ	D	B	T	A	B
E	B	O	A	R	V	Z	B	T	A	A	E	Đ	R	H
S	B	E	A	I	P	L	A	N	I	N	A	N	A	I
M	K	U	T	Z	V	O	D	O	P	A	D	Đ	A	B
U	O	P	P	J	A	P	O	L	U	O	T	O	K	N
U	P	R	Z	E	Z	T	O	U	K	T	E	O	F	W
N	D	E	E	G	O	T	E	A	I	S	A	Z	G	Y

VODOPAD
ŠPILJA
PUSTINJA
UŠĆE
GEJZIR
LEDENJAK
LEDENA
OTOK
JEZERO
LAGUNA
MORE
PLANINA
OAZA
MOČVARA
POLUOTOK
PLAŽA
RIJEKA
TUNDRA
DOLINA
VULKAN

62 - Días y Meses

Đ	T	Y	T	B	R	K	A	R	O	T	U	G	L	H
O	C	G	L	V	O	K	O	W	J	U	R	O	I	O
S	R	I	J	E	D	A	N	L	W	D	H	D	S	C
S	U	B	O	T	A	J	V	E	O	U	H	I	T	Y
T	J	E	D	A	N	L	B	L	D	V	L	N	O	R
M	J	E	S	E	C	E	R	U	R	J	O	A	P	Đ
R	N	E	E	L	F	J	N	S	R	U	E	Z	A	Đ
T	A	K	I	H	J	D	K	Z	T	W	R	L	D	I
R	P	J	N	A	Č	E	J	I	S	U	A	P	J	H
A	I	N	A	Č	U	N	A	W	N	O	D	L	C	A
V	L	A	O	A	F	O	R	U	J	A	N	E	R	V
A	U	P	Z	J	M	P	B	W	S	H	E	B	N	F
N	O	R	A	L	P	E	T	A	K	W	L	I	D	I
J	A	S	E	E	J	H	G	S	K	Y	A	R	I	P
K	A	T	R	V	T	E	Č	L	O	S	K	I	P	V

TRAVANJ
KOLOVOZ
GODINA
KALENDAR
NEDJELJA
SIJEČANJ
VELJAČA
ČETVRTAK
SRPANJ
LIPANJ
PONEDJELJAK
UTORAK
MJESEC
SRIJEDA
STUDENI
LISTOPAD
SUBOTA
TJEDAN
RUJAN
PETAK

63 - Biología

B	L	B	I	H	U	O	H	S	Đ	Z	J	S	M	M
S	J	P	Z	G	N	S	O	I	P	E	Đ	D	K	U
K	I	E	N	C	U	M	R	N	R	V	O	G	C	T
M	A	S	L	P	R	O	M	A	I	O	Z	K	B	A
Ž	J	T	A	A	S	Z	O	P	R	L	Đ	O	J	C
Y	I	J	Z	V	N	A	N	S	O	U	N	L	W	I
Z	M	V	P	Y	A	Č	V	A	D	C	L	A	Y	J
S	O	O	A	U	R	C	E	J	N	I	I	G	L	A
J	T	A	C	C	H	M	W	V	O	J	O	E	E	J
J	A	J	I	L	E	Ć	R	J	I	A	Y	N	N	I
W	N	S	I	M	B	I	O	Z	A	N	V	A	Z	R
B	A	K	T	E	R	I	J	E	K	E	A	S	I	B
F	O	T	O	S	I	N	T	E	Z	A	D	U	M	M
I	R	T	S	C	G	M	A	Z	C	G	D	G	L	E
T	K	R	O	M	O	S	O	M	N	E	U	R	O	N

ANATOMIJA
BAKTERIJE
ĆELIJA
KOLAGENA
KROMOSOM
EMBRIJA
ENZIM
EVOLUCIJA
FOTOSINTEZA
HORMON
SISAVAC
MUTACIJA
PRIRODNO
ŽIVAC
NEURON
OSMOZA
BJELANČEVINA
GMAZ
SIMBIOZA
SINAPSA

64 - Jardinería

M	W	R	D	C	Đ	B	N	C	D	M	Y	P	F	S
K	D	K	O	Y	Đ	U	D	V	J	A	F	B	R	J
J	O	L	C	C	G	K	A	J	N	Ć	O	V	T	E
E	C	N	Y	R	A	E	B	E	Ć	Š	I	L	R	M
S	V	C	T	K	I	T	O	T	K	L	I	M	A	E
T	I	K	E	E	A	J	D	N	B	W	B	K	U	N
I	J	W	Z	S	J	L	E	I	R	V	B	O	O	K
V	E	P	J	J	N	N	I	V	U	O	V	M	N	E
O	T	P	T	M	H	E	E	S	O	D	R	P	Č	C
S	E	Z	O	N	S	K	I	R	T	A	S	O	I	H
P	R	L	J	A	V	Š	T	I	N	A	T	S	T	N
B	O	T	A	N	I	Č	K	I	U	O	A	T	O	D
H	L	L	E	G	R	Y	U	Y	O	T	B	J	Z	W
G	T	F	O	R	T	Z	E	L	M	V	L	A	G	A
G	J	W	Đ	O	Y	I	H	M	V	O	I	I	E	V

VODA
BOTANIČKI
KLIMA
JESTIVO
KOMPOST
KONTEJNER
VRSTA
SEZONSKI
EGZOTIČNO
CVIJET
CVJETNI
LIŠĆE
LIST
VOĆNJAK
VLAGA
CRIJEVO
BUKET
SJEMENKE
PRLJAVŠTINA
TLO

65 - Chocolate

D	J	F	B	Z	O	Y	H	O	T	T	O	J	O	S
K	O	I	V	R	J	V	K	F	J	I	C	B	M	A
T	H	V	K	O	K	O	S	T	V	B	H	Đ	I	S
F	F	N	L	R	I	K	S	T	A	N	A	Z	L	T
F	B	L	T	R	P	T	M	B	D	S	P	B	J	O
U	K	U	S	N	O	A	A	V	M	O	O	Y	E	J
Y	A	B	F	U	N	L	L	M	J	I	I	G	N	A
I	R	Đ	T	B	K	S	E	R	O	E	B	M	I	K
B	O	W	P	G	Y	U	M	Z	G	R	S	J	G	A
U	G	B	E	Y	J	K	A	E	U	L	A	T	Y	V
L	O	D	C	Z	Z	O	R	D	Đ	N	B	P	I	Š
W	A	T	E	T	I	L	A	V	K	P	R	A	H	E
I	K	I	R	I	K	I	K	W	B	H	Đ	A	S	Ć
K	A	L	O	R	I	J	E	U	J	W	N	G	D	E
U	K	E	G	Z	O	T	I	Č	N	O	M	Y	U	R

GORAK
AROMA
ZANATSKI
ŠEĆER
KIKIRIKI
KAKAO
KVALITETA
KALORIJE
KARAMELA
KOKOS
JESTI
UKUSNO
SLATKO
EGZOTIČNO
OMILJENI
UKUS
SASTOJAK
PRAH
RECEPT
OKUS

66 - Barbacoas

P	F	Z	A	B	L	R	V	J	P	C	K	Đ	K	B
Đ	V	R	V	F	W	Đ	M	T	I	V	E	Ž	O	N
I	S	I	K	Y	G	Y	G	J	L	I	T	Š	O	R
Z	L	B	R	G	U	S	O	M	E	P	V	O	Ć	E
E	J	B	O	A	C	E	J	D	T	R	S	O	L	R
T	E	N	H	A	J	U	L	I	I	U	M	H	I	G
S	V	R	U	Ć	E	Č	M	C	N	Č	A	L	G	I
F	A	J	P	E	J	B	I	A	A	A	E	L	N	S
M	R	L	D	E	W	T	Đ	C	K	K	V	J	H	M
R	E	E	A	J	H	C	A	H	E	U	Đ	E	G	N
W	Č	T	L	T	K	H	O	Đ	J	L	F	T	L	L
N	E	I	G	F	E	Ć	R	V	O	P	B	O	A	Y
C	V	B	K	Đ	P	A	P	A	R	A	A	H	Z	V
F	Đ	O	Đ	F	Y	B	E	F	P	N	Z	L	B	C
J	O	E	E	D	Y	P	C	H	P	Đ	V	D	A	C

RUČAK
VRUĆE
LUK
VEČERA
NOŽEVI
SALATE
OBITELJ
VOĆE
GLAD
IGRE
GLAZBA
DJECA
ROŠTILJ
PAPAR
PILETINA
SOL
UMAK
RAJČICE
LJETO
POVRĆE

67 - Ropa

F	Đ	W	B	Đ	N	I	O	F	B	J	D	M	D	A
P	N	A	L	E	P	I	C	W	Z	Đ	Ž	C	S	W
C	N	O	U	Đ	S	E	S	G	I	T	E	R	U	D
M	K	G	Z	V	D	O	O	M	V	A	M	K	D	P
T	K	R	A	J	N	K	U	S	R	L	P	W	T	O
E	R	L	D	K	P	A	N	K	A	J	E	T	P	J
H	F	I	O	A	I	N	A	Š	A	L	R	L	F	A
N	H	C	M	D	D	I	R	J	H	L	A	Č	E	S
L	A	A	R	A	Ž	J	U	B	L	Y	F	S	A	S
S	Č	K	E	G	A	L	K	Š	T	U	P	A	K	A
B	A	I	I	Đ	M	A	V	H	E	B	Š	H	O	N
K	G	Z	D	T	A	H	I	A	G	Š	A	O	Z	D
L	E	W	N	E	G	D	C	B	E	E	I	J	K	A
G	R	D	E	C	I	V	A	K	U	R	B	R	T	L
Z	P	O	Đ	H	Y	U	B	Y	J	Y	I	N	M	E

KAPUT
BLUZA
ŠAL
KOŠULJA
JAKNA
POJAS
OGRLICA
PREGAČA
SUKNJA
RUKAVICE
NAKIT
MODA
HLAČE
PIDŽAMA
NARUKVICA
SANDALE
ŠEŠIR
DŽEMPER
HALJINA
CIPELA

68 - Meditación

P	M	H	G	U	E	U	Đ	O	J	L	P	D	P	Z
P	R	F	B	T	U	Y	B	I	C	L	E	R	R	A
M	R	O	A	M	M	M	G	E	B	A	R	Ž	I	O
I	L	I	M	G	L	A	Z	B	A	Y	S	A	H	M
S	J	D	R	A	P	A	Ž	N	J	A	P	N	V	E
L	U	L	O	O	T	E	R	K	O	P	E	J	A	N
I	B	I	M	M	D	R	G	P	L	P	K	E	Ć	T
B	A	J	I	K	T	A	A	U	E	U	T	K	A	A
H	Z	A	R	E	O	E	J	N	A	S	I	D	N	L
J	N	S	M	J	O	Đ	Đ	D	J	E	V	M	J	N
A	O	N	M	I	R	A	N	J	A	E	A	O	E	O
Y	S	O	Z	C	Z	A	H	V	A	L	N	O	S	T
G	T	Ć	S	O	T	I	Š	I	N	A	H	A	J	L
V	J	A	L	M	W	Z	M	B	Đ	O	H	B	B	F
S	B	W	F	E	J	N	A	Ć	E	J	S	O	U	S

PRIHVAĆANJE
PAŽNJA
LJUBAZNOST
MIRAN
JASNOĆA
SUOSJEĆANJE
EMOCIJE
ZAHVALNOST
MENTALNO
UM
POKRET
GLAZBA
PRIRODA
PROMATRANJE
MIR
MISLI
PERSPEKTIVA
DRŽANJE
DISANJE
TIŠINA

69 - Café

Š	J	W	M	Đ	E	B	L	C	G	F	C	L	T	C
Đ	E	L	A	N	E	Ž	R	P	A	C	O	M	Đ	E
A	J	Ć	N	I	Z	L	N	O	W	E	T	Z	O	H
F	A	M	E	R	K	Y	R	V	R	Y	R	M	R	B
Đ	M	M	J	R	K	I	S	E	L	O	Đ	F	K	H
Đ	O	J	I	G	R	Y	W	Ć	Đ	U	U	Y	K	P
L	R	D	C	N	Z	H	C	I	A	V	G	G	O	S
F	A	C	I	L	A	Š	D	P	C	R	N	A	F	A
H	I	M	E	I	L	M	L	I	J	E	K	O	E	M
Đ	N	L	P	D	J	U	T	R	O	O	E	N	I	L
T	L	D	T	G	O	R	A	K	I	H	K	C	N	J
V	O	D	A	A	N	I	Ć	U	K	E	T	U	Z	E
K	D	R	J	G	R	H	F	N	U	T	E	C	S	T
P	O	D	R	I	J	E	T	L	O	E	R	N	O	I
R	A	Z	N	O	L	I	K	O	S	T	G	O	W	C

VODA
GORAK
AROMA
PRŽENA
ŠEĆER
KISELO
PIĆE
KOFEIN
KREMA
FILTAR
MLIJEKO
TEKUĆINA
JUTRO
SAMLJETI
CRNA
PODRIJETLO
CIJENA
OKUS
ŠALICA
RAZNOLIKOST

70 - Libros

K	R	Đ	Č	A	D	E	J	V	O	P	I	R	P	F
R	O	I	H	J	G	U	Z	A	J	I	Z	E	O	P
E	T	N	N	I	J	O	H	N	Đ	R	W	R	V	Z
L	U	V	T	R	R	H	P	O	U	A	K	O	I	B
E	A	I	E	E	C	U	Đ	D	V	J	V	M	J	I
V	L	T	H	S	K	S	Z	I	P	I	Z	A	E	R
A	I	N	Y	M	U	S	M	O	T	L	T	N	S	K
N	T	E	P	P	K	M	T	K	H	R	S	E	N	A
T	E	V	A	V	A	N	T	U	R	A	O	C	I	P
A	R	N	A	S	I	P	A	N	G	M	N	P	N	R
N	A	I	T	S	T	D	Č	S	A	K	L	J	P	I
R	R	W	Đ	Z	I	C	I	I	J	G	A	E	G	Č
E	N	T	D	R	F	I	U	R	T	C	U	S	C	A
A	I	S	T	R	A	N	I	C	A	A	D	M	D	Y
T	R	A	G	I	Č	N	O	F	P	Đ	Č	A	O	J

AUTOR
AVANTURA
ZBIRKA
KONTEKST
DUALNOST
NAPISAN
PRIČA
POVIJESNI
DUHOVIT
INVENTIVNI
ČITAČ
LITERARNI
PRIPOVJEDAČ
ROMAN
STRANICA
RELEVANTAN
PJESMA
POEZIJA
SERIJA
TRAGIČNO

71 - Los Medios de Comunicación

O	N	Z	I	N	L	A	T	I	G	I	D	T	O	E
R	B	B	K	D	R	Ž	S	E	J	N	A	D	Z	I
A	F	R	Č	R	O	E	O	N	W	D	N	Č	F	V
D	O	U	A	W	N	R	N	I	Y	U	A	I	I	O
I	T	O	V	Z	I	M	V	V	U	S	L	N	N	V
O	O	P	O	Č	O	V	A	O	C	T	I	J	A	A
O	G	R	G	M	A	V	J	N	C	R	N	E	N	T
W	R	Z	R	I	U	S	A	R	K	I	I	N	C	S
I	A	F	T	M	Đ	Z	O	N	Y	J	J	I	I	J
L	F	V	B	Đ	T	N	E	P	J	A	I	C	R	F
C	I	L	O	K	A	L	N	I	I	E	E	E	A	H
A	J	I	Z	I	V	E	L	E	T	S	O	D	N	T
Y	E	I	P	E	J	N	E	J	L	Š	I	M	J	W
K	O	M	U	N	I	K	A	C	I	J	A	M	E	U
I	N	T	E	L	E	K	T	U	A	L	A	C	P	L

STAVOVI
TRGOVAČKI
KOMUNIKACIJA
DIGITALNI
IZDANJE
OBRAZOVANJE
NA LINIJI
FINANCIRANJE
FOTOGRAFIJE
ČINJENICE

INDUSTRIJA
INTELEKTUALAC
LOKALNI
MIŠLJENJE
NOVINE
JAVNOST
RADIO
MREŽA
ČASOPISI
TELEVIZIJA

72 - Nutrición

G	R	D	E	J	L	V	A	R	D	Z	B	N	T	K
O	O	I	Z	O	F	Đ	D	V	A	R	D	Z	E	V
R	K	J	R	V	B	N	G	R	A	Y	D	T	Ž	A
A	U	E	O	I	E	J	D	E	F	B	N	I	I	L
K	S	T	I	T	E	P	A	N	Ž	W	O	E	N	I
F	A	A	V	S	K	M	V	J	I	E	H	R	A	T
P	R	O	T	E	I	N	I	E	T	E	D	G	P	E
U	Y	E	R	J	V	I	J	B	A	W	Y	R	U	T
E	J	J	V	Y	A	M	L	H	R	S	K	K	P	A
C	T	I	E	E	N	A	N	E	I	V	J	K	B	F
E	B	R	V	L	K	T	A	L	C	Y	V	D	F	F
B	E	O	N	W	F	I	R	D	E	U	Z	B	Đ	Z
I	S	L	T	Y	P	V	H	V	I	O	M	H	W	E
U	R	A	V	N	O	T	E	Ž	E	N	R	A	S	W
T	O	K	S	I	N	O	M	C	I	P	H	T	K	P

GORAK
APETIT
KVALITETA
KALORIJE
ŽITARICE
JESTIVO
DIJETA
PROBAVA
URAVNOTEŽEN
VRENJE
NAVIKE
HRANLJIV
TEŽINA
PROTEINI
OKUS
UMAK
ZDRAVLJE
ZDRAV
TOKSIN
VITAMIN

73 - Edificios

J	A	S	K	P	V	R	R	I	U	R	F	T	L	T
U	G	V	U	A	N	I	B	A	K	V	J	B	A	U
V	C	H	I	P	Z	Đ	A	F	M	J	M	Đ	B	M
I	S	T	A	N	E	A	W	Đ	I	N	H	C	O	U
N	T	H	C	C	R	R	L	S	T	A	J	A	R	Z
F	V	N	I	J	B	D	M	I	H	R	B	R	A	E
A	O	S	N	L	O	P	J	A	Š	O	G	O	T	J
R	R	T	L	E	T	O	H	L	R	T	D	V	O	B
M	N	A	O	T	O	N	D	O	K	K	E	D	R	S
A	I	D	B	S	L	I	D	K	C	E	E	I	I	F
K	C	I	H	O	Đ	K	O	Š	U	N	W	T	J	W
P	A	O	M	H	M	K	S	S	D	V	Y	L	D	G
N	F	N	S	V	E	U	Č	I	L	I	Š	T	E	D
Z	V	J	E	Z	D	A	R	N	I	C	A	M	Đ	O
G	A	R	A	Ž	A	H	C	O	L	Y	M	O	E	R

HOSTEL
STAN
KABINA
DVORAC
KINO
ŠKOLA
STADION
TVORNICA
GARAŽA
STAJA
FARMA
BOLNICA
HOTEL
LABORATORIJ
MUZEJ
ZVJEZDARNICA
SUPERMARKET
KAZALIŠTE
TORANJ
SVEUČILIŠTE

74 - Océano

O	D	K	N	U	I	H	K	K	I	Y	E	K	K	M
M	K	F	I	A	P	O	O	A	O	J	G	B	O	W
E	A	Y	P	O	M	B	I	R	M	R	L	B	V	U
D	O	L	U	J	A	O	L	W	I	E	A	A	B	K
U	D	K	D	Đ	K	T	O	Đ	T	M	N	L	U	O
Z	Z	D	E	S	Š	N	W	V	T	I	U	I	J	T
A	Y	I	J	G	H	I	U	R	S	L	T	S	C	A
A	Z	E	S	V	N	C	H	K	A	P	E	O	P	A
D	I	Y	C	A	M	A	Č	L	P	R	U	J	D	S
J	E	G	U	L	J	A	M	T	I	K	Z	Ž	C	L
K	O	R	N	J	A	Č	A	Y	K	F	E	W	V	Y
B	W	N	Đ	G	L	N	I	G	S	E	K	B	C	A
J	U	D	H	J	N	E	B	E	R	G	W	A	L	A
I	I	J	T	B	I	I	E	L	O	S	G	D	O	H
E	L	A	J	A	L	Z	J	U	M	W	R	I	B	A

ALGE
JEGULJA
GREBEN
TUNA
KIT
ČAMAC
ŠKAMPI
RAK
KORALJA
DUPIN
SPUŽVA
PLIME
MEDUZA
KAMENICA
RIBA
HOBOTNICA
SOL
MORSKI PAS
OLUJA
KORNJAČA

75 - Ciudad

K	K	N	J	I	Ž	N	I	C	A	M	P	I	B	L
S	A	R	A	Ž	I	J	N	K	R	L	K	M	A	J
U	K	Z	T	C	G	H	C	Y	A	P	W	S	N	E
P	U	S	A	I	A	A	I	O	K	N	A	R	K	K
E	L	T	Š	L	I	E	L	J	E	Z	U	M	A	A
R	A	A	K	L	I	T	H	E	P	U	O	T	K	R
M	N	D	O	E	T	Š	I	Ž	R	T	D	A	L	N
A	Č	I	L	T	I	I	T	C	K	I	P	G	I	A
R	A	O	A	O	N	L	W	E	V	K	J	C	N	W
K	R	N	P	H	A	I	R	R	W	J	V	A	I	P
E	Z	Đ	V	G	R	Č	M	B	J	J	E	C	K	F
T	T	W	R	B	H	U	Z	N	B	M	K	Ć	A	M
W	D	K	H	J	O	E	N	A	M	T	I	M	A	Z
G	F	S	A	D	P	V	B	W	N	J	N	Z	D	R
N	I	P	O	D	B	S	E	T	Z	C	O	K	T	A

ZRAČNA LUKA
BANKA
KNJIŽNICA
KINO
KLINIKA
ŠKOLA
STADION
LJEKARNA
CVJEĆAR
GALERIJA
HOTEL
KNJIŽARA
TRŽIŠTE
MUZEJ
PEKARA
SUPERMARKET
KAZALIŠTE
POHRANITI
SVEUČILIŠTE

76 - Agronomía

I	E	I	E	W	V	T	Y	R	W	Y	O	S	P	Z
Đ	A	N	F	A	W	M	Đ	A	U	W	D	E	O	A
D	V	P	N	U	K	D	I	S	M	M	R	O	V	G
U	Y	V	J	Z	E	H	M	T	R	K	Ž	S	R	A
E	N	E	R	G	I	J	A	P	S	U	I	K	Ć	Đ
S	J	E	M	E	N	K	E	R	S	E	V	O	E	E
T	V	L	B	D	N	E	A	O	T	E	L	P	Z	N
W	L	N	I	B	N	Y	I	I	U	Đ	F	O	Đ	J
B	Z	D	V	B	A	F	B	Z	D	E	V	N	B	E
Z	N	A	N	O	S	T	L	V	I	W	H	A	H	E
G	N	O	J	I	V	O	G	O	J	Z	V	O	D	A
A	O	O	K	O	L	I	Š	D	A	A	I	Y	G	H
O	R	G	A	N	S	K	I	N	R	Y	W	E	B	F
R	F	V	N	P	B	P	A	J	I	Z	O	R	E	G
E	W	B	M	V	I	I	V	A	T	S	U	S	A	Z

VODA
ZNANOST
ZAGAĐENJE
RAST
ENERGIJA
BOLESTI
EROZIJA
STUDIJA
GNOJIVO

OKOLIŠ
ORGANSKI
BILJE
PROIZVODNJA
SEOSKO
SJEMENKE
SUSTAVI
ODRŽIV
POVRĆE

77 - Deporte

T	S	O	N	B	O	S	O	P	S	Đ	D	S	M	L
P	P	Z	W	J	V	G	A	U	N	N	Z	I	A	P
G	O	U	V	O	E	Y	C	F	D	U	K	S	K	Đ
S	R	S	J	I	T	A	V	I	L	P	G	T	S	J
P	T	T	L	M	E	I	T	S	O	K	R	E	I	M
O	S	B	R	L	G	J	J	L	I	C	N	Z	M	E
R	K	T	R	E	S	N	E	E	T	K	T	A	I	T
T	I	C	C	N	N	G	N	F	L	Đ	P	N	Z	A
A	T	E	J	I	D	E	U	G	Đ	O	L	J	I	B
Š	G	L	D	A	N	A	R	H	S	I	E	E	R	O
A	V	A	P	R	O	G	R	A	M	F	S	Y	A	L
L	V	C	N	M	I	Š	I	Ć	I	F	S	C	T	I
A	I	F	A	S	Z	D	R	A	V	L	J	E	I	Č
I	Z	D	R	Ž	L	J	I	V	O	S	T	R	B	K
B	I	C	I	K	L	I	Z	A	M	B	J	I	D	I

SPORTAŠ
PLES
SPOSOBNOST
BICIKLIZAM
TIJELO
SPORTSKI
DIJETA
TRENER
ISTEZANJE
SNAGA
KOSTI
MAKSIMIZIRATI
CILJ
METABOLIČKI
MIŠIĆI
PLIVATI
ISHRANA
PROGRAM
IZDRŽLJIVOST
ZDRAVLJE

78 - Actividades y Ocio

J	E	G	Z	Đ	G	B	H	W	W	P	R	N	H	U
S	U	R	F	A	N	J	E	E	K	T	O	O	O	M
I	P	C	K	A	K	J	O	B	D	O	B	G	B	J
N	U	O	V	T	S	R	A	L	T	R	V	O	I	E
E	T	E	J	N	E	Č	A	Š	E	J	P	M	J	T
T	O	J	M	B	W	S	K	Š	Z	V	D	E	I	N
N	V	N	I	Đ	C	U	I	G	O	M	Y	T	Z	O
C	A	A	L	P	C	F	L	O	G	K	P	D	H	S
F	T	T	W	O	V	T	S	R	A	B	I	R	R	T
L	I	Š	P	L	I	V	A	N	J	E	A	L	E	D
A	I	U	O	E	K	A	M	P	I	R	A	N	J	E
U	B	P	N	Đ	L	N	P	L	O	B	Z	J	E	B
P	Đ	O	T	I	U	T	B	M	N	O	D	E	N	V
R	O	N	J	E	N	J	E	D	F	K	O	P	M	L
D	G	D	N	H	D	M	C	N	N	S	D	F	H	G

HOBIJI
UMJETNOST
KOŠARKA
BEJZBOL
BOKS
RONJENJE
KAMPIRANJE
NOGOMET
GOLF
VRTLARSTVO
PLIVANJE
RIBARSTVO
SLIKA
OPUŠTANJE
PJEŠAČENJE
SURFANJE
TENIS
PUTOVATI
ODBOJKA

79 - Ingeniería

U	N	S	Z	A	N	I	Ć	U	K	E	T	L	T	D
I	U	J	J	P	A	N	I	B	U	D	I	H	R	I
P	A	J	I	C	U	B	I	R	T	S	I	D	E	J
N	O	G	O	P	I	V	Z	S	H	O	V	K	N	A
R	I	L	P	N	I	T	M	J	P	A	N	V	J	G
O	W	O	U	D	O	B	U	W	R	K	U	I	E	R
G	M	A	D	G	I	B	Đ	Z	S	U	Č	D	O	A
M	U	Y	A	M	E	Z	R	A	V	D	A	O	A	M
F	O	S	T	R	O	J	E	J	N	E	R	E	J	M
R	R	T	S	I	V	L	Đ	L	G	W	Z	P	I	P
I	T	S	O	N	L	I	B	A	T	S	I	W	G	H
H	M	B	L	R	E	J	M	O	R	P	N	L	R	I
S	N	A	G	A	L	P	W	E	Y	O	Đ	I	E	U
S	T	R	U	K	T	U	R	A	Z	U	H	J	N	N
I	Z	G	R	A	D	N	J	A	Đ	Z	B	M	E	M

KUT
IZRAČUN
IZGRADNJA
DIJAGRAM
PROMJER
DIZEL
DISTRIBUCIJA
OS
ENERGIJA
STABILNOST
STRUKTURA
TRENJE
SNAGA
TEKUĆINA
STROJ
MJERENJE
MOTOR
POLUGE
DUBINA
POGON

80 - Comida #1

I	Č	P	A	Y	N	V	V	K	E	F	Y	K	G	U
R	E	Ć	E	Š	O	C	V	U	E	G	B	B	L	Z
J	Š	R	Z	T	E	C	G	U	J	K	O	L	R	N
A	N	C	J	N	B	M	Z	U	S	B	R	B	T	M
G	J	M	I	U	B	O	S	I	L	J	A	K	U	L
O	A	E	K	M	A	Č	E	J	O	R	H	J	N	K
D	K	S	G	I	E	I	Đ	Y	S	G	U	H	A	O
A	L	O	J	L	T	T	F	V	C	W	J	E	A	P
V	C	G	S	Z	O	V	S	Đ	M	R	K	V	A	Z
N	A	T	S	O	C	P	A	A	K	P	L	V	M	I
O	W	A	G	Y	K	C	L	K	O	K	G	R	G	Đ
B	Y	N	P	C	L	C	A	M	P	Y	A	N	R	U
M	L	I	J	E	K	O	T	K	R	U	Š	K	A	W
Z	T	P	K	G	R	U	A	M	E	T	V	I	C	E
S	Z	Š	V	C	T	O	O	D	C	V	W	H	I	U

ČEŠNJAK
BOSILJAK
TUNA
ŠEĆER
CIMET
MESO
JEČAM
LUK
SALATA
ŠPINAT
JAGODA
SOK
MLIJEKO
LIMUN
METVICE
REPA
KRUŠKA
SOL
JUHA
MRKVA

81 - Antigüedades

I	J	A	N	J	Y	N	A	M	J	E	Š	T	A	J
A	U	K	C	I	J	A	U	K	N	N	N	U	V	Đ
A	U	V	R	I	J	E	D	N	O	S	T	A	O	F
Ć	U	M	M	N	E	C	Z	B	K	B	N	T	N	K
E	B	T	J	S	T	O	L	J	E	Ć	E	I	B	J
J	O	N	E	E	J	N	A	G	A	L	U	F	O	I
L	I	T	S	N	T	Z	S	S	C	D	S	Z	Đ	L
T	S	A	A	C	T	N	A	T	N	A	G	E	L	E
E	G	T	B	G	L	I	O	N	Č	I	B	O	E	N
S	C	I	J	E	N	A	Č	S	L	C	F	C	H	T
E	Đ	K	U	T	P	J	G	N	T	R	G	Y	Y	B
D	G	A	L	E	R	I	J	A	O	A	G	V	F	R
E	B	N	K	V	A	L	I	T	E	T	A	V	I	C
S	K	U	L	P	T	U	R	A	W	S	U	B	N	O
U	K	R	A	S	N	O	K	O	V	A	N	I	C	E

UMJETNOST
AUTENTIČNO
KVALITETA
UKRASNO
DESETLJEĆA
ELEGANTAN
SKULPTURA
STIL
GALERIJA
NEOBIČNO

ULAGANJE
NAKIT
KOVANICE
NAMJEŠTAJ
CIJENA
OBNOVA
STOLJEĆE
AUKCIJA
VRIJEDNOST
STAR

82 - Literatura

A	D	W	W	A	W	I	K	Č	I	N	S	E	J	P
N	E	A	N	A	L	I	Z	A	N	F	I	Y	T	R
A	A	J	I	D	E	G	A	R	T	Z	P	T	G	I
L	B	I	N	L	B	D	I	J	A	L	O	G	O	P
O	Y	C	K	R	O	M	A	N	J	R	I	C	B	O
G	K	K	F	O	N	A	R	U	I	J	M	T	P	V
I	A	I	L	T	M	T	O	S	F	Z	J	E	S	J
J	Č	F	W	U	J	I	F	P	A	K	P	L	A	E
A	U	O	V	A	H	R	A	O	R	Đ	R	U	O	D
P	J	E	S	M	A	M	T	R	G	M	U	O	A	A
Đ	L	L	C	W	U	R	E	E	O	R	N	H	J	Č
I	K	H	T	D	M	O	M	D	I	G	I	F	T	I
N	A	W	N	Z	C	G	Y	B	B	T	Đ	M	Y	I
A	Z	G	S	S	H	Đ	G	A	Y	D	D	V	A	U
B	T	P	T	E	M	A	T	O	D	G	E	N	A	F

ANALOGIJA
ANALIZA
ANEGDOTA
AUTOR
BIOGRAFIJA
USPOREDBA
ZAKLJUČAK
OPIS
DIJALOG
STIL
FIKCIJA
METAFORA
PRIPOVJEDAČ
ROMAN
PJESMA
PJESNIČKI
RIMA
RITAM
TEMA
TRAGEDIJA

83 - Química

E	Z	R	A	U	Đ	K	S	L	L	V	W	S	W	T
L	C	H	K	B	G	I	L	J	K	N	S	O	U	E
E	I	O	U	B	S	K	L	M	Y	R	A	L	G	M
K	I	N	R	A	E	L	K	U	N	L	Y	V	L	P
T	P	G	O	E	M	O	L	E	K	U	L	A	J	E
R	L	I	T	M	A	N	I	Ć	U	K	E	T	I	R
O	I	H	A	J	N	K	K	I	S	I	K	S	K	A
N	N	E	Z	A	I	A	C	T	E	Ž	I	N	A	T
M	A	F	I	Z	L	N	T	I	L	A	T	E	M	U
L	E	K	L	K	P	I	T	O	J	U	I	B	T	R
Đ	B	T	A	R	O	L	K	B	M	A	A	O	E	A
Y	H	W	T	B	T	E	I	H	I	S	O	K	N	M
A	Y	O	A	G	L	S	D	W	Z	H	K	T	Đ	Z
C	B	E	K	K	S	I	O	W	N	M	O	I	K	Đ
S	K	A	H	H	Y	K	V	S	E	F	K	H	V	R

ATOMSKI
KISELINA
TOPLINA
UGLJIK
KATALIZATOR
KLOR
ELEKTRON
ENZIM
PLIN
VODIK
ION
TEKUĆINA
METALI
MOLEKULA
NUKLEARNI
KISIK
TEŽINA
REAKCIJA
SOL
TEMPERATURA

84 - Gobierno

J	H	N	T	K	F	Y	U	Y	G	Đ	G	N	P	D
S	J	K	O	I	D	D	K	O	E	H	R	E	O	R
S	N	D	J	L	B	A	V	E	J	D	A	Z	A	Ž
I	Z	A	K	O	N	O	B	P	P	T	Đ	A	B	A
D	E	E	B	Đ	R	L	I	J	C	R	A	V	R	V
R	O	V	O	G	D	S	W	A	W	U	N	I	A	L
Ž	O	K	R	U	G	H	K	E	V	U	S	S	S	J
A	D	O	B	O	L	S	J	L	F	S	K	N	P	A
V	T	S	O	K	A	N	D	E	J	T	I	O	R	N
A	Đ	U	N	A	R	O	D	C	U	A	K	S	A	S
Đ	T	D	S	I	M	B	O	L	C	V	V	T	V	T
O	I	S	P	R	A	V	D	A	S	F	I	A	A	V
V	Y	K	I	N	E	M	O	P	S	S	U	Z	R	O
A	K	I	T	I	L	O	P	S	N	Đ	J	K	V	P
D	E	M	O	K	R	A	C	I	J	A	Z	C	V	Z

DRŽAVLJANSTVO
GRAĐANSKI
USTAV
DEMOKRACIJA
PRAVA
GOVOR
RASPRAVA
OKRUG
DRŽAVA
JEDNAKOST
NEZAVISNOST
SUDSKI
PRAVDA
ZAKON
SLOBODA
VOĐA
SPOMENIK
NAROD
POLITIKA
SIMBOL

85 - Creatividad

J	S	D	A	J	I	C	A	R	I	P	S	N	I	Y
A	N	O	A	H	Đ	Đ	Z	Z	M	S	A	I	N	U
S	Z	J	D	R	A	M	A	T	I	Č	A	N	T	B
N	N	A	U	F	U	O	R	N	M	M	V	V	E	I
O	B	M	Đ	I	L	Z	Z	Đ	I	M	H	I	N	N
Ć	Z	T	J	K	Z	U	I	D	E	A	S	T	Z	T
A	Y	S	N	Č	L	S	I	W	N	Š	L	N	I	U
E	M	O	C	I	J	E	S	D	N	T	I	E	T	I
V	O	N	D	N	I	H	A	P	N	A	K	V	E	C
I	D	L	Y	T	Y	D	Y	S	O	O	A	N	T	I
Z	P	A	I	E	V	I	E	L	N	N	S	I	T	J
I	R	T	S	J	A	Ć	E	J	S	O	T	T	S	A
J	Đ	I	Z	M	K	A	Đ	L	E	M	S	A	U	S
E	G	V	J	U	V	J	E	Š	T	I	N	A	N	C
A	U	T	E	N	T	I	Č	N	O	S	T	A	Y	O

UMJETNIČKI
AUTENTIČNOST
JASNOĆA
DRAMATIČAN
EMOCIJE
SPONTANO
IZRAZ
FLUIDNOST
VJEŠTINA
IDEJE
SLIKA
MAŠTA
DOJAM
INSPIRACIJA
INTENZITET
INTUICIJA
INVENTIVNI
OSJEĆAJ
VIZIJE
VITALNOST

86 - Clima

T	P	O	V	J	E	T	A	R	A	C	P	D	P	M
L	E	G	R	M	L	J	A	V	I	N	A	Y	V	W
G	E	M	K	K	P	O	P	L	A	V	A	D	F	E
C	B	D	P	P	I	D	U	P	V	J	E	T	A	R
S	J	A	R	E	F	S	O	M	T	A	Đ	O	J	R
I	R	W	K	A	R	P	Y	A	K	L	I	M	A	T
W	B	T	Đ	G	C	A	J	J	Z	D	S	W	A	R
W	F	T	R	D	C	P	T	N	A	G	A	R	U	O
C	P	I	V	W	Z	I	Đ	U	B	A	O	E	F	P
Y	A	S	N	U	S	N	O	M	R	Z	L	S	L	S
M	R	E	B	R	U	S	D	G	V	A	U	U	Y	K
N	E	B	O	D	A	N	R	O	T	O	J	Š	B	I
F	K	A	H	S	N	L	D	B	L	Z	A	A	L	M
U	F	S	U	R	O	Y	O	O	B	L	A	K	S	Đ
Z	V	I	S	U	Y	V	S	P	M	A	G	L	A	L

ATMOSFERA
POVJETARAC
NEBO
KLIMA
LED
URAGAN
POPLAVA
MONSUN
MAGLA
OBLAK
POLARNI
MUNJA
SUHO
SUŠA
TEMPERATURA
OLUJA
TORNADO
TROPSKI
GRMLJAVINA
VJETAR

87 - Comida #2

T	E	B	Y	U	Y	A	G	R	O	Ž	Đ	E	T	P
L	Z	H	E	O	W	O	R	E	L	E	C	S	R	A
P	H	S	F	E	H	Y	U	T	L	J	F	I	E	T
B	V	L	F	T	H	J	B	G	I	D	O	E	Š	L
N	W	U	E	S	I	R	O	G	B	Č	D	J	N	I
J	A	B	U	K	A	V	O	Y	A	R	O	E	J	D
Đ	U	M	B	I	R	N	I	E	N	K	I	K	A	Ž
P	B	A	D	E	M	L	D	K	A	R	W	Ž	A	A
I	G	D	T	E	R	K	O	C	N	U	S	P	A	N
L	M	A	R	J	W	T	S	G	A	H	J	Š	C	R
E	I	L	U	A	I	P	J	E	F	F	Z	E	I	B
T	H	O	G	J	E	B	A	J	B	W	U	N	Č	O
I	C	K	O	B	D	P	V	B	V	E	W	I	J	O
N	Z	O	J	V	V	L	E	P	P	T	N	C	A	N
A	Y	Č	B	O	U	D	F	T	T	Đ	I	A	R	H

ARTIČOKA
BADEM
CELER
RIŽA
PATLIDŽAN
TREŠNJA
ČOKOLADA
SUNCOKRET
JAJE
ĐUMBIR
KIVI
JABUKA
KRUH
BANANA
PILETINA
SIR
RAJČICA
PŠENICA
GROŽĐE
JOGURT

88 - Diplomacia

J	S	A	V	J	E	T	N	I	K	U	L	K	P	F
E	R	G	G	E	D	N	V	F	O	D	L	U	K	A
Z	Z	A	J	E	D	N	I	C	A	H	B	S	O	K
I	K	S	T	A	M	O	L	P	I	D	S	D	E	I
C	R	O	D	A	S	A	B	M	A	Z	A	T	S	T
I	R	J	Z	Đ	J	H	O	Y	G	J	G	L	M	I
F	U	A	E	U	T	A	K	U	Đ	D	Z	G	V	L
C	G	B	S	Š	R	Y	U	P	R	A	V	D	A	O
C	O	F	T	P	E	O	S	G	T	D	A	S	U	P
D	V	O	M	E	R	N	N	G	G	A	A	K	Đ	J
Đ	O	Z	B	B	P	A	J	N	D	A	R	U	S	D
Đ	R	Đ	C	L	Đ	K	V	E	Z	A	U	Z	Z	Y
P	I	N	R	A	T	I	N	A	M	U	H	W	S	R
S	T	R	A	N	I	T	S	O	N	R	U	G	I	S
A	J	Z	J	P	T	E	T	I	R	G	E	T	N	I

SAVJETNIK
ZAJEDNICA
SUKOB
SURADNJA
DIPLOMATSKI
RASPRAVA
AMBASADOR
STRANI
ETIKA
VLADA
HUMANITARNI
JEZICI
INTEGRITET
PRAVDA
POLITIKA
ODLUKA
SIGURNOST
RJEŠENJE
UGOVOR

89 - Herboristería

Y	C	V	I	J	E	T	R	V	M	D	D	Y	U	K
H	A	Z	Đ	W	N	B	O	S	I	L	J	A	K	V
D	R	Č	L	J	I	E	S	M	H	P	R	H	Đ	A
K	O	E	I	B	R	D	C	G	F	R	R	O	Đ	L
U	M	Š	M	Č	A	R	O	M	O	K	Đ	W	I	I
L	A	N	J	A	M	C	E	O	T	I	P	P	M	T
I	T	J	T	T	Ž	D	A	P	C	H	K	E	D	E
N	S	A	Y	M	U	U	J	L	U	G	A	R	D	T
A	K	K	D	S	R	E	R	Y	G	H	J	Š	H	A
R	I	A	H	N	B	C	P	A	K	P	O	I	M	G
S	U	K	O	A	A	I	Z	D	N	M	T	N	A	K
K	R	H	B	S	S	V	L	J	L	K	S	E	R	O
I	A	H	N	C	L	T	A	J	Z	S	A	L	L	P
Š	A	F	R	A	N	E	L	L	K	W	S	E	E	A
D	K	E	J	F	K	M	Y	A	J	A	T	Z	Đ	R

ČEŠNJAK
BOSILJAK
AROMATSKI
ŠAFRAN
KVALITETA
KULINARSKI
KOPAR
DRAGULJ
CVIJET
KOMORAČ
SASTOJAK
VRT
LAVANDA
MAŽURAN
METVICE
PERŠIN
BILJKA
RUŽMARIN
OKUS
ZELEN

90 - Energía

V	N	O	D	K	A	J	I	R	T	S	U	D	N	I
J	D	B	Z	I	I	T	D	D	U	M	O	E	O	D
E	D	N	H	A	Z	K	Z	S	R	T	D	N	C	Y
T	V	O	M	N	G	E	V	U	B	B	M	U	F	Z
A	M	V	L	I	A	A	L	J	I	U	N	K	T	B
R	A	L	Y	L	L	J	Đ	I	N	U	O	L	E	V
S	J	J	S	P	W	I	L	E	A	K	R	E	L	I
B	I	I	U	O	R	R	H	C	N	I	T	A	E	D
O	P	V	I	T	J	E	C	N	O	J	K	R	K	W
V	O	D	I	K	K	T	P	U	T	L	E	N	T	F
I	R	O	T	O	M	A	A	S	O	G	L	I	R	E
R	T	M	B	M	Y	B	R	L	F	U	E	Đ	I	Đ
O	N	I	Z	N	E	B	A	O	V	C	F	E	Č	Z
G	E	Z	W	Đ	F	F	Đ	R	L	D	A	B	N	O
Đ	D	J	L	G	C	A	C	E	N	L	R	N	I	F

BATERIJA
TOPLINA
UGLJIK
GORIVO
ZAGAĐENJE
DIZEL
ELEKTRON
ELEKTRIČNI
ENTROPIJA
FOTON
BENZIN
VODIK
INDUSTRIJA
MOTOR
NUKLEARNI
OBNOVLJIV
SUNCE
TURBINA
PARA
VJETAR

91 - Especias

K	N	P	L	O	V	T	R	Y	T	O	F	C	L	G
O	G	Y	T	L	U	K	A	R	O	G	D	U	W	F
R	S	Z	O	E	S	L	A	T	K	I	E	R	T	V
I	S	E	M	S	M	W	H	P	O	Đ	Y	R	T	A
J	K	T	Š	I	N	I	M	U	K	Z	P	Y	W	N
A	O	W	A	K	J	S	C	F	U	O	H	K	A	I
N	D	K	F	O	K	T	A	L	S	E	A	P	K	L
D	T	U	R	Đ	A	A	N	R	I	B	M	U	Đ	I
E	T	K	A	T	J	K	R	C	N	I	G	L	V	J
R	S	G	N	B	N	B	O	D	A	C	L	Z	F	A
A	Z	C	R	B	Š	N	O	M	A	N	J	D	C	S
P	P	B	Đ	A	E	O	N	B	O	M	O	Đ	I	T
A	S	F	T	T	Č	B	J	E	I	R	O	N	Đ	S
P	P	A	P	R	I	K	A	D	M	N	A	M	P	M
A	H	H	G	V	S	O	L	O	M	N	D	Č	P	L

KISELO
ČEŠNJAK
GORAK
ANIS
ŠAFRAN
CIMET
KARDAMOM
LUK
KORIJANDER
KUMIN
CURRY
SLATKO
KOMORAČ
ĐUMBIR
PAPRIKA
PAPAR
SLATKI
OKUS
SOL
VANILIJA

92 - Universo

O	R	M	B	Š	H	H	S	U	N	Č	A	N	O	P
B	O	W	O	I	K	R	O	T	A	V	K	E	Y	C
A	T	I	B	R	O	N	J	R	J	Z	R	A	O	Đ
K	S	I	W	I	Đ	J	I	C	I	T	S	L	O	S
O	T	T	Z	N	A	D	K	E	S	Z	C	G	B	A
Z	V	A	R	A	C	M	U	S	K	J	O	P	E	S
M	C	R	M	O	D	G	Y	E	A	Z	A	N	N	T
I	L	S	O	A	N	B	E	J	L	U	R	L	T	E
Č	D	W	N	N	Đ	O	A	M	A	O	E	S	B	R
K	D	U	Ž	I	N	A	M	G	G	B	F	V	M	O
I	F	D	Z	R	F	N	N	E	B	E	S	K	I	I
T	E	L	E	S	K	O	P	P	H	L	O	M	U	D
A	S	T	R	O	N	O	M	I	J	A	M	R	S	I
L	H	E	M	I	S	F	E	R	A	D	T	G	V	E
C	J	V	I	D	L	J	I	V	N	D	A	Y	G	J

ASTEROID
ASTRONOMIJA
ASTRONOM
ATMOSFERA
NEBESKI
NEBO
KOZMIČKI
EKVATOR
GALAKSIJA
HEMISFERA
HORIZONT
ŠIRINA
DUŽINA
MJESEC
TAMA
ORBITA
SUNČANO
SOLSTICIJ
TELESKOP
VIDLJIV

93 - Jazz

N	G	P	T	H	A	S	G	A	H	O	L	S	M	B
G	A	D	N	J	D	A	T	L	T	J	T	N	F	U
T	E	G	E	I	J	S	V	I	A	H	B	C	B	B
D	S	N	L	T	N	T	M	T	Y	Z	O	L	Đ	N
K	T	M	A	A	M	A	S	S	M	Y	B	M	F	J
I	A	Đ	T	N	S	V	N	O	V	O	Đ	A	A	E
W	R	O	U	Z	R	A	E	H	W	M	W	S	V	V
T	W	T	D	O	N	J	K	W	F	U	A	W	O	I
T	I	R	O	P	F	N	K	N	A	B	I	T	R	Z
J	L	E	T	A	D	A	L	K	S	L	Đ	E	I	P
I	V	C	M	S	Đ	G	G	U	N	A	Z	H	T	R
Ž	A	N	R	A	T	S	E	K	R	O	P	N	I	R
A	W	O	P	J	E	S	M	A	J	Y	R	I	I	C
M	G	K	I	N	T	E	J	M	U	A	O	K	Y	G
N	Z	V	B	P	P	K	A	L	V	W	G	A	M	S

UMJETNIK
ALBUM
PJESMA
SASTAV
SKLADATELJ
KONCERT
STIL
NAGLASAK
POZNATI
FAVORITI
ŽANR
GLAZBA
NOVO
ORKESTAR
RITAM
TALENT
BUBNJEVI
TEHNIKA
STAR

94 - Mediciones

V	J	I	T	P	W	W	N	B	V	M	J	M	B	A
D	I	Y	I	Z	L	E	Y	W	R	A	Z	I	V	A
E	U	S	Y	S	I	G	R	A	M	S	A	N	N	A
C	N	O	I	A	H	Y	A	J	N	A	P	U	T	S
I	D	F	R	N	D	R	T	S	K	I	Đ	T	J	J
M	W	J	Đ	R	A	T	E	M	O	T	B	A	A	W
A	C	N	U	R	N	H	M	H	W	N	O	U	B	T
L	A	N	I	R	I	Š	I	M	R	G	U	N	D	K
A	V	M	N	V	Ž	N	T	S	A	T	O	N	A	I
V	O	I	Č	K	U	C	N	T	E	Ž	I	N	A	L
T	L	S	B	T	D	F	E	S	L	L	C	E	P	O
Đ	U	Đ	O	L	R	R	C	K	L	I	Z	B	P	G
A	M	K	I	L	O	M	E	T	A	R	T	K	G	R
T	E	F	Z	N	D	R	Z	I	A	K	S	R	E	A
S	N	C	B	Y	B	E	Đ	N	C	S	T	L	A	M

VISINA	DUŽINA
ŠIRINA	MASA
BAJT	METAR
CENTIMETAR	MINUTA
DECIMALA	UNCA
STUPANJ	TEŽINA
GRAM	DUBINA
KILOGRAM	INČ
KILOMETAR	TONA
LITRA	VOLUMEN

95 - Barcos

J	E	D	R	I	L	I	C	A	A	W	E	P	P	L
K	P	T	F	K	A	T	H	A	J	Y	M	L	O	I
P	Đ	Z	L	J	Z	R	A	N	R	O	M	I	S	K
S	A	T	P	K	A	A	S	H	J	H	O	M	A	S
J	E	M	O	N	O	J	U	I	Z	L	F	A	D	R
B	B	J	O	L	Z	E	Ž	U	D	V	V	Z	A	O
Z	P	U	Đ	P	B	K	E	L	N	R	O	T	O	M
K	A	N	U	W	I	T	A	W	F	T	O	N	R	O
T	G	V	F	F	V	I	Č	J	T	T	Y	A	E	P
U	N	U	L	H	O	H	A	N	A	E	C	O	Z	M
J	A	R	B	O	L	H	T	D	F	K	T	Đ	E	D
R	I	J	E	K	A	G	U	Y	F	Z	D	L	J	U
G	A	R	M	R	V	A	L	P	S	M	G	P	A	E
A	G	G	P	Z	O	I	P	V	U	W	Z	P	G	T
K	R	T	N	Y	L	M	Z	Y	R	J	B	N	P	U

SIDRO
SPLAV
PLUTAČA
KANU
UŽE
TRAJEKT
KAJAK
JEZERO
MORE
PLIMA

MORNAR
JARBOL
MOTOR
POMORSKI
OCEAN
VALOVI
RIJEKA
POSADA
JEDRILICA
JAHTA

96 - Antártida

I	L	Y	J	Y	B	M	F	N	M	F	Z	K	L	C
T	S	E	K	C	J	A	K	E	I	M	N	O	G	Y
O	L	T	D	K	M	F	L	O	N	I	A	N	K	S
P	O	S	R	E	B	L	N	Y	E	G	N	T	A	T
O	K	T	E	A	N	U	N	W	R	R	S	I	J	E
G	F	J	S	D	Ž	J	D	C	A	A	T	N	I	M
R	D	E	L	O	S	I	A	G	L	C	V	E	C	P
A	H	N	W	V	T	A	V	C	I	I	E	N	I	E
F	B	O	P	T	I	C	E	A	I	J	N	T	D	R
I	O	V	E	J	L	A	Z	U	Č	A	Đ	P	E	A
J	T	I	N	I	V	G	N	I	P	C	K	U	P	T
A	O	T	G	E	O	G	R	A	F	I	J	A	S	U
Y	C	A	J	I	C	A	V	R	E	Z	N	O	K	R
M	I	O	B	L	A	C	I	O	C	F	E	A	E	A
R	F	I	P	Đ	A	P	P	O	L	U	O	T	O	K

VODA
ZALJEV
ZNANSTVEN
KONZERVACIJA
KONTINENT
EKSPEDICIJA
GEOGRAFIJA
LEDENJACI
LED
ISTRAŽIVAČ
OTOCI
MIGRACIJA
MINERALI
OBLACI
PTICE
POLUOTOK
PINGVINI
STJENOVITA
TEMPERATURA
TOPOGRAFIJA

97 - Mamíferos

U	C	H	T	W	V	I	Y	O	Y	L	O	B	T	R
D	G	T	I	G	U	U	L	R	C	R	L	D	B	J
N	P	K	A	A	K	M	M	B	V	F	Đ	K	T	K
S	P	L	T	W	Z	A	R	B	E	Z	N	A	F	F
A	F	A	R	I	Ž	G	K	I	B	A	U	M	V	G
H	P	V	S	Y	R	A	O	K	B	O	L	E	K	O
L	C	E	Z	E	O	R	J	E	I	U	Đ	J	W	R
V	K	D	B	Z	S	A	O	C	Z	T	J	H	J	I
B	Z	S	B	P	S	C	T	M	A	J	M	U	N	L
D	C	E	L	S	N	O	S	I	T	I	V	V	O	A
P	U	J	N	O	K	L	O	K	A	N	E	B	N	Y
M	A	Č	K	A	N	I	P	U	D	G	F	O	O	J
I	N	Z	H	F	H	R	E	B	N	W	F	V	H	A
Z	E	V	V	G	G	O	F	O	D	H	S	C	A	V
L	I	S	I	C	A	K	C	I	U	L	A	E	R	B

KIT
MAGARAC
KONJ
DEVA
KLOKAN
ZEBRA
ZEC
KOJOT
DUPIN
SLON
MAČKA
GORILA
ŽIRAFA
VUK
MAJMUN
SNOSITI
OVCE
PAS
BIK
LISICA

98 - Boxeo

H	I	B	V	I	E	T	A	K	A	L	K	Đ	I	O
P	C	Y	H	S	H	W	O	N	T	I	W	P	S	Z
Z	I	J	I	Z	G	Đ	L	Č	U	S	C	E	C	L
N	E	B	O	R	A	C	E	O	K	Ž	L	C	R	J
S	G	D	E	B	N	A	J	P	I	E	A	M	P	E
M	N	V	Y	N	I	R	I	O	N	C	D	D	L	D
U	Z	A	H	J	T	A	T	R	V	I	A	N	J	E
N	L	K	G	M	Š	D	S	A	I	V	R	W	E	U
O	W	A	K	A	E	U	G	V	T	A	B	M	N	Y
W	O	Š	H	G	J	L	F	A	O	K	C	O	T	S
N	G	M	L	Đ	V	Y	W	K	R	U	I	W	R	U
D	F	P	F	F	B	N	S	Z	P	R	M	Đ	B	D
K	V	M	R	Đ	V	G	N	K	W	V	T	Y	Y	A
A	F	A	U	S	U	I	V	D	S	L	L	I	T	C
Z	V	O	N	O	P	P	I	W	N	F	L	I	O	E

SUDAC
BRADA
ZVONO
LAKAT
UŽAD
TIJELO
KUT
ISCRPLJEN
SNAGA
RUKAVICE

VJEŠTINA
OZLJEDE
BORAC
PROTIVNIK
UDARAC
TOČKE
ŠAKA
BRZ
OPORAVAK

99 - Abejas

O	G	D	U	M	I	S	K	J	F	W	U	Y	B	O
L	P	B	C	R	F	A	V	O	R	L	E	S	B	P
V	D	O	L	D	I	M	A	F	Š	M	J	J	O	R
E	C	N	U	S	H	H	T	P	G	N	L	B	N	A
U	O	S	C	B	K	D	S	P	P	Đ	I	F	L	Š
K	R	I	L	A	G	D	U	L	E	P	B	C	P	I
H	P	R	T	S	K	A	S	O	V	C	H	C	A	V
M	N	O	F	M	I	U	O	L	F	T	R	V	K	A
E	L	K	G	I	N	F	K	W	I	V	A	I	R	Č
D	R	Y	C	S	K	I	E	Ć	O	V	N	J	A	I
T	S	O	K	I	L	O	N	Z	A	R	A	E	L	W
E	Ć	E	J	I	V	C	U	N	W	G	J	T	J	K
Y	M	B	K	V	E	W	I	W	V	K	N	B	I	Y
J	E	I	F	W	B	R	G	E	E	M	W	V	C	Đ
R	E	R	E	I	D	L	O	L	I	E	R	N	A	A

KRILA
KORISNO
VOSAK
KOŠNICA
HRANA
RAZNOLIKOST
EKOSUSTAV
ROJ
CVIJET
CVIJEĆE
VOĆE
DIM
KUKAC
VRT
MED
BILJE
PELUD
OPRAŠIVAČ
KRALJICA
SUNCE

100 - Psicología

J	P	A	D	J	C	B	S	D	N	D	I	S	N	D
F	F	C	E	J	N	A	Š	A	N	O	P	P	E	K
S	K	F	I	V	E	V	I	D	E	J	E	O	S	S
P	S	U	K	O	B	T	F	R	I	W	C	Z	V	T
E	N	W	Č	G	O	S	I	V	O	N	S	N	J	V
R	J	U	I	T	P	U	L	N	E	G	O	A	E	A
C	J	E	N	N	S	K	S	P	J	E	M	J	S	R
E	A	B	I	P	L	S	I	P	R	S	N	A	N	N
P	I	I	L	W	R	I	M	M	Đ	O	T	L	O	O
C	B	W	K	K	J	O	M	A	O	K	B	V	G	S
I	G	L	D	I	J	A	C	E	J	T	U	L	O	T
J	A	Ć	E	J	S	O	E	J	I	C	O	M	E	R
A	O	S	O	B	N	O	S	T	E	U	Đ	A	O	M
O	N	D	Z	H	F	F	D	T	K	N	Đ	H	F	O
L	Z	F	W	H	K	W	A	J	I	P	A	R	E	T

KLINIČKI
SPOZNAJA
PONAŠANJE
SUKOB
EGO
EMOCIJE
PROCJENA
ISKUSTVA
IDEJE
NESVJESNO
DJETINJSTVO
UTJECAJI
MISLI
PERCEPCIJA
OSOBNOST
PROBLEM
STVARNOST
OSJEĆAJ
SNOVI
TERAPIJA

1 - Ajedrez

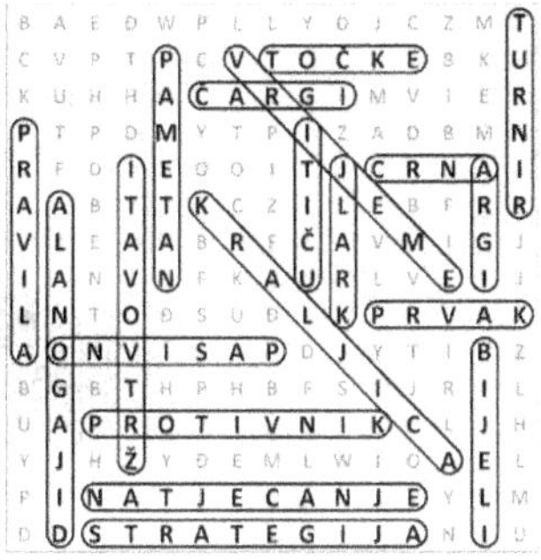

2 - Arqueología

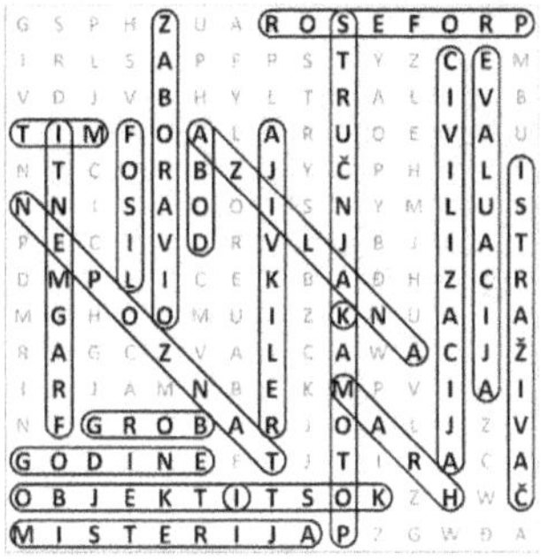

3 - Granja #2

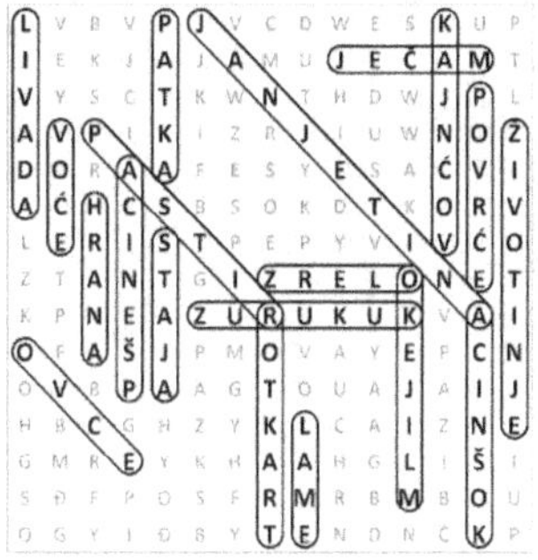

4 - La Empresa

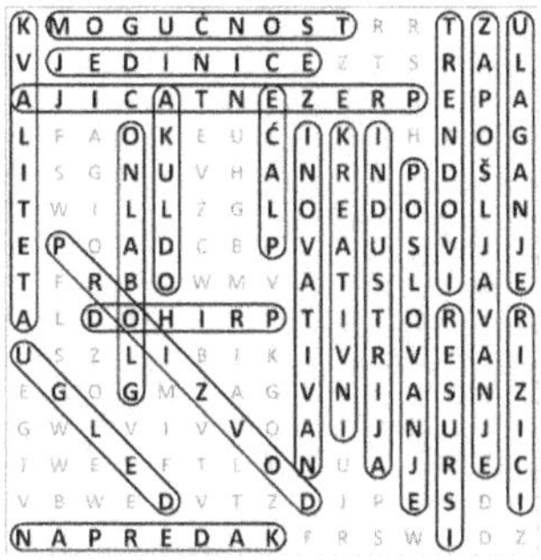

5 - Aviones

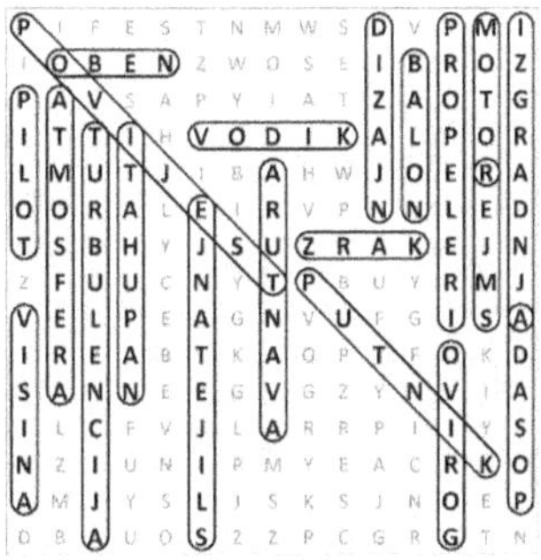

6 - Tipos de Cabello

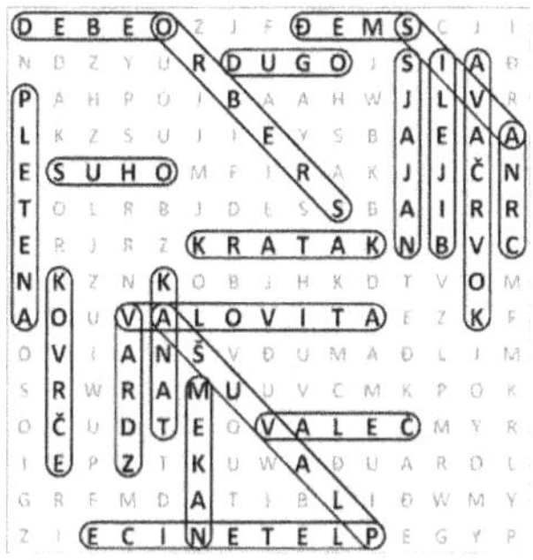

7 - Ciencia Ficción

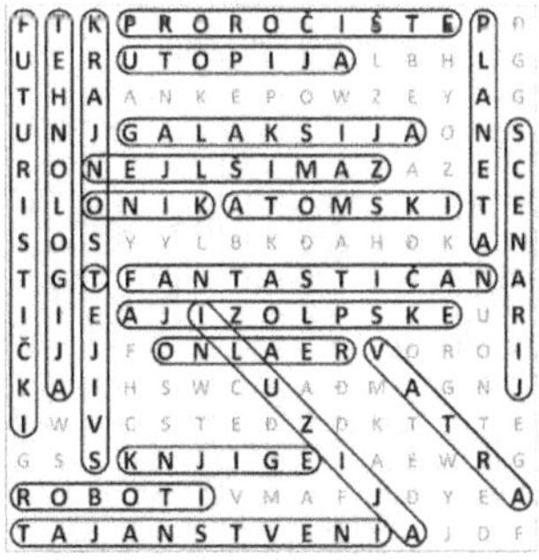

8 - Granja #1

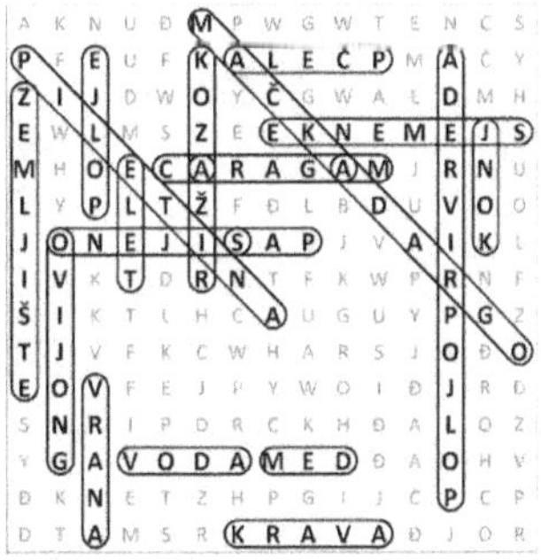

9 - Camping

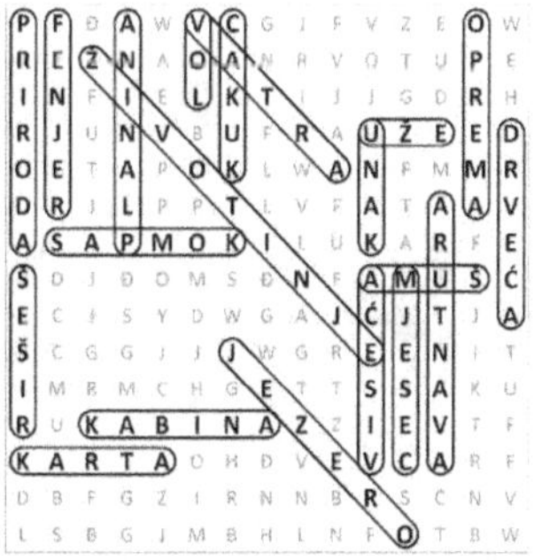

10 - Fruta

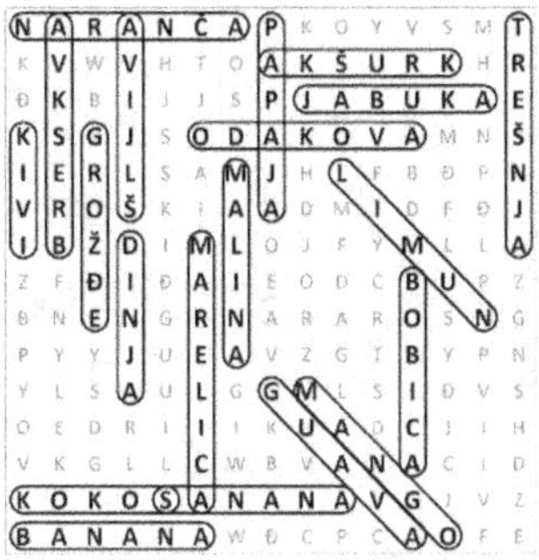

11 - Geología

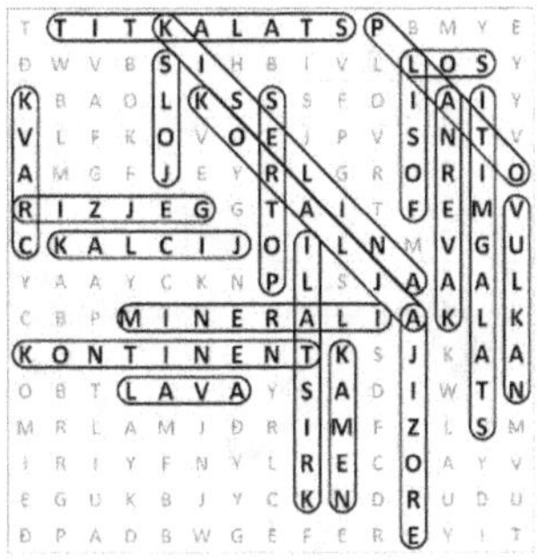

12 - Inmigración

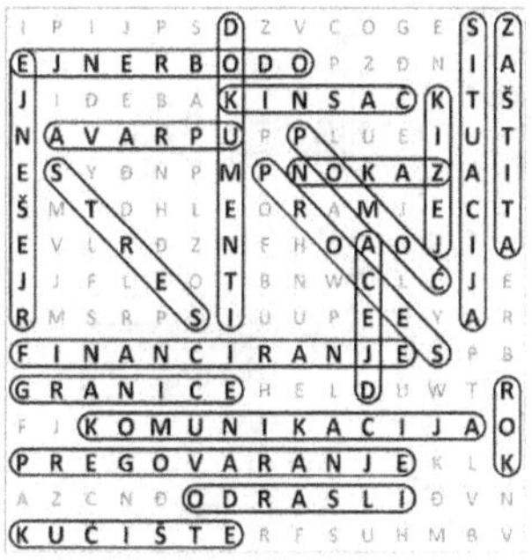

13 - Álgebra

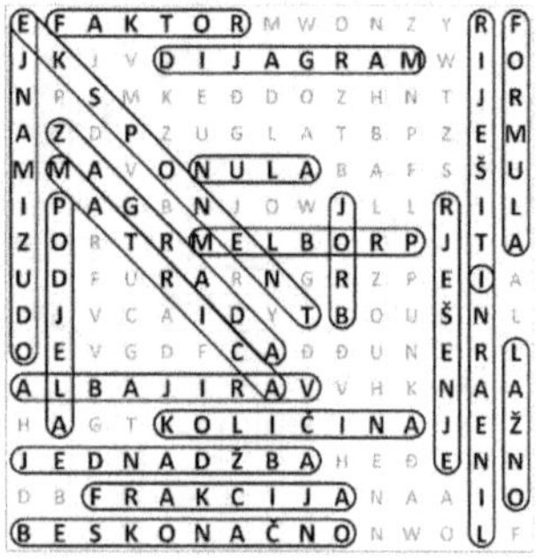

14 - Plantas

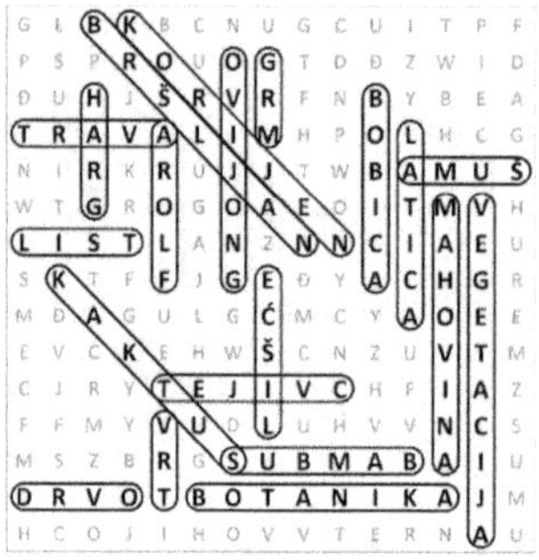

15 - Negocio

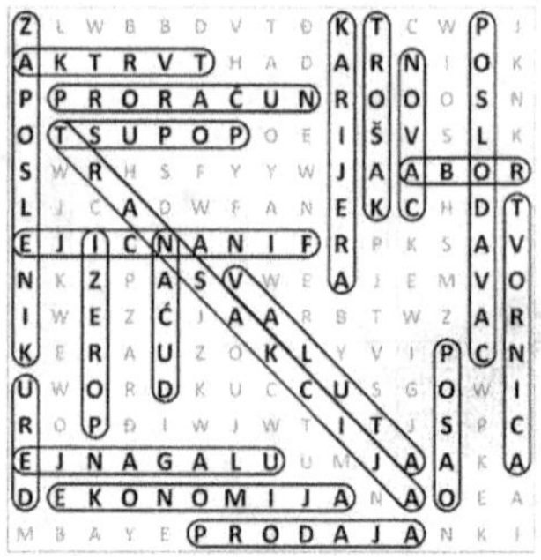

16 - Jardín

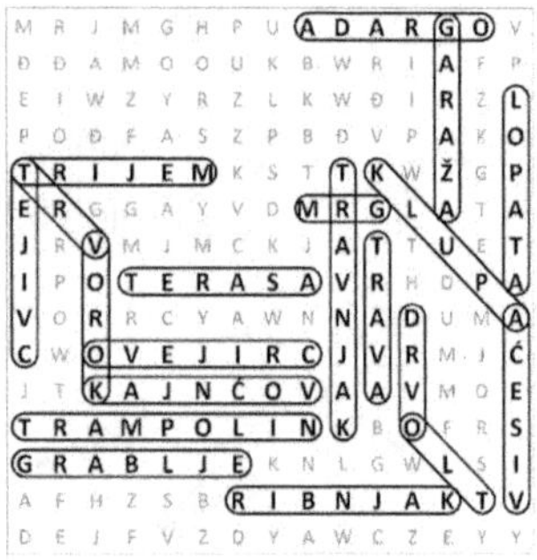

17 - Países #2

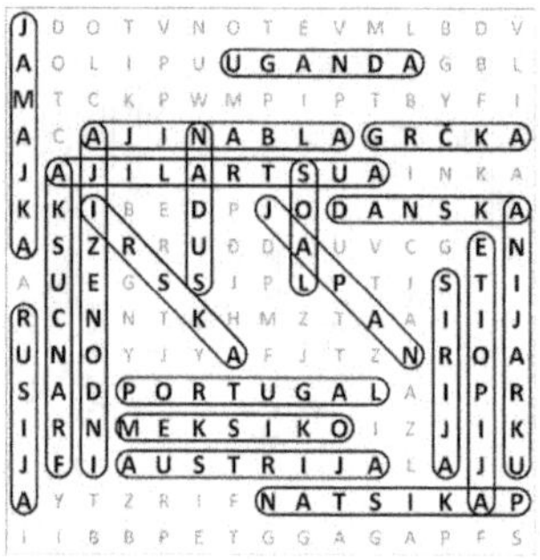

18 - Números

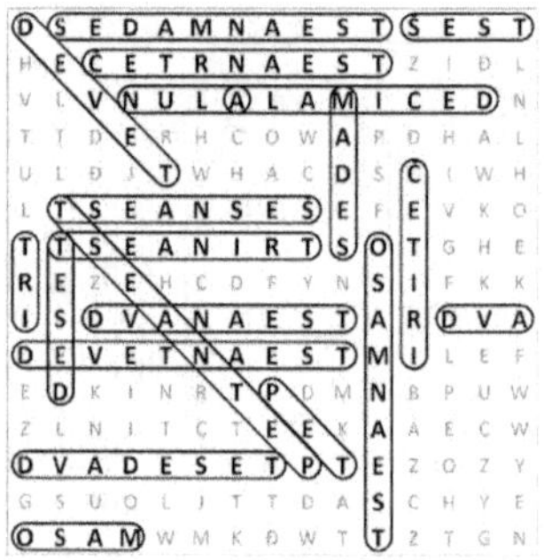

19 - Física

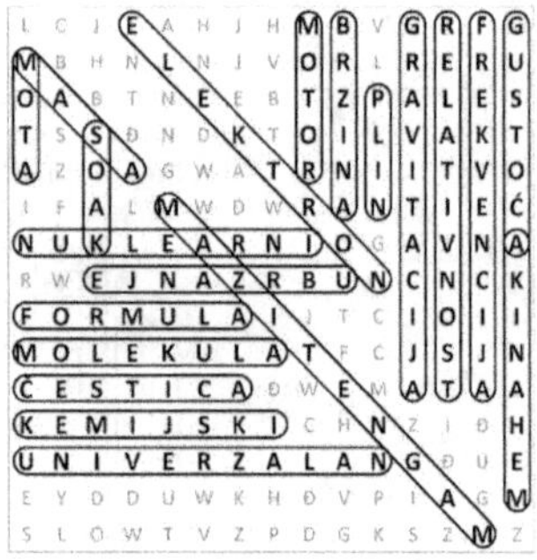

20 - Belleza

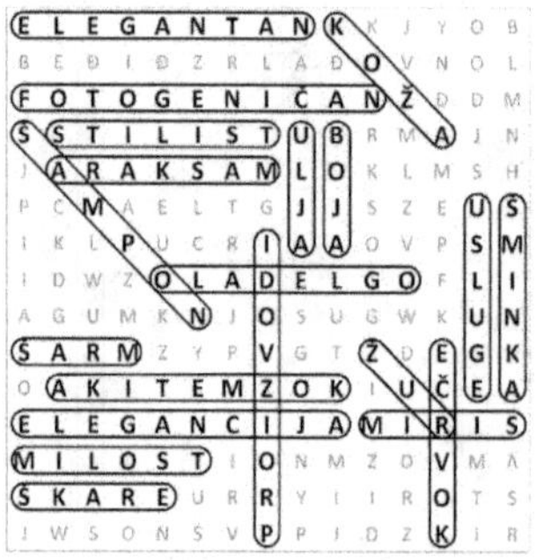

21 - Países #1

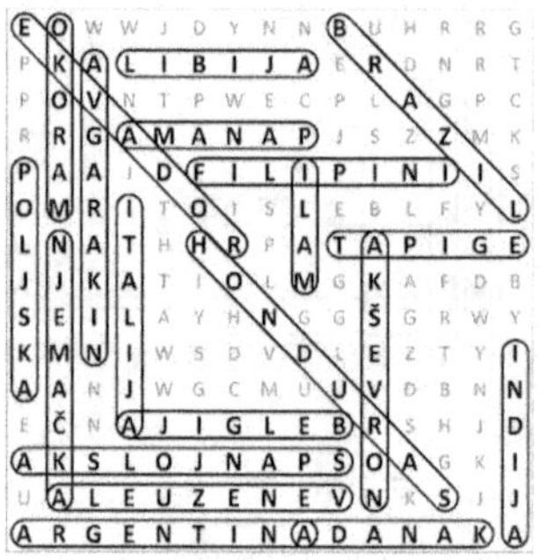

22 - Mitología

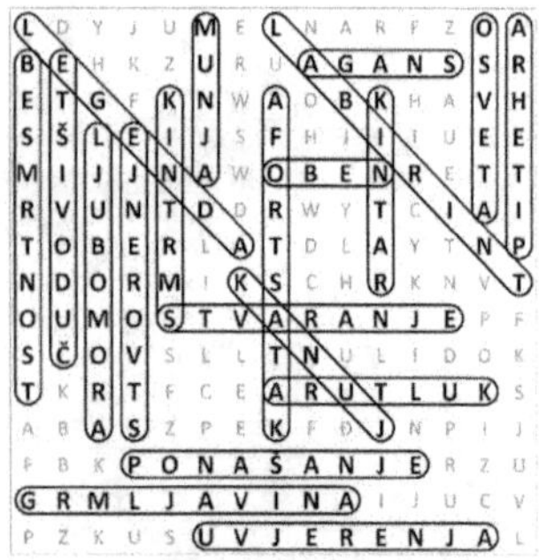

23 - Ecología

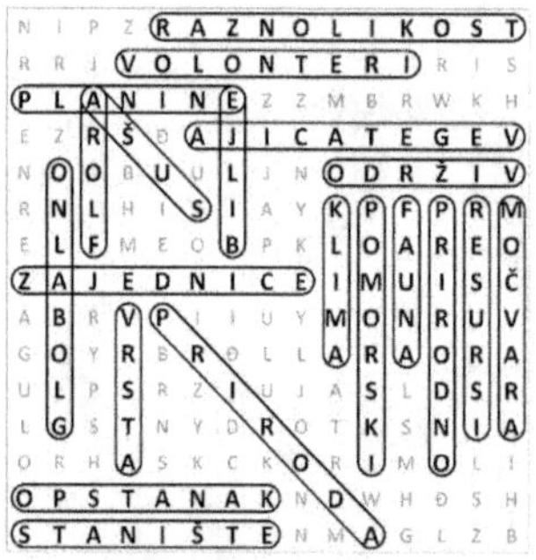

24 - Casa

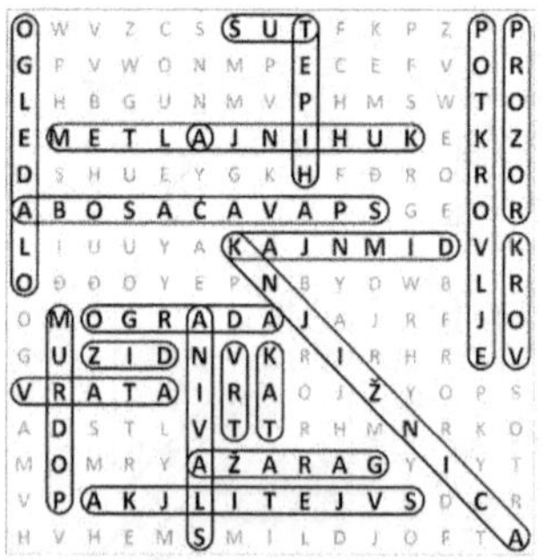

25 - Salud y Bienestar #2

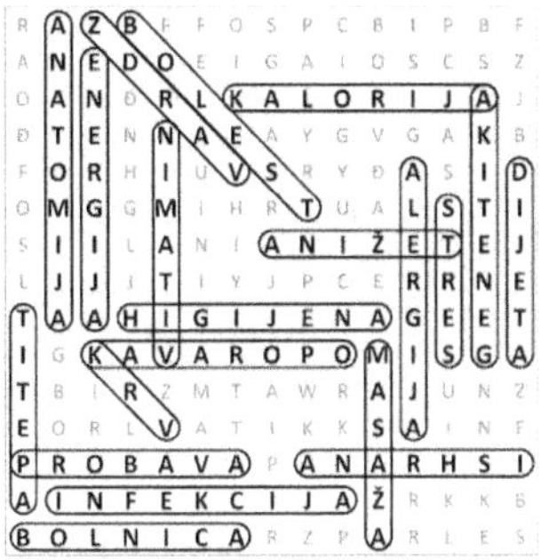

26 - Selva Tropical

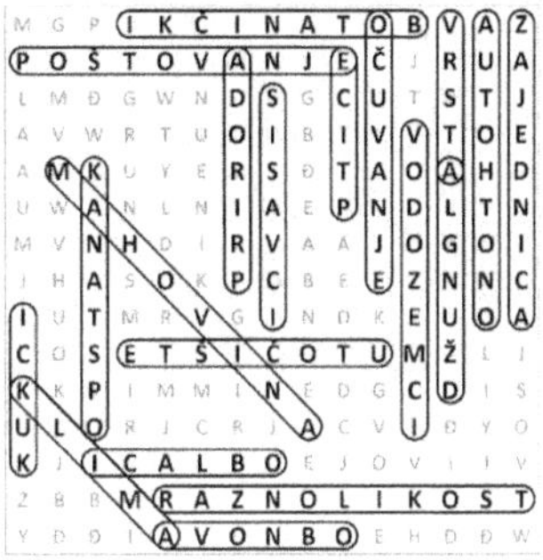

27 - Adjetivos #1

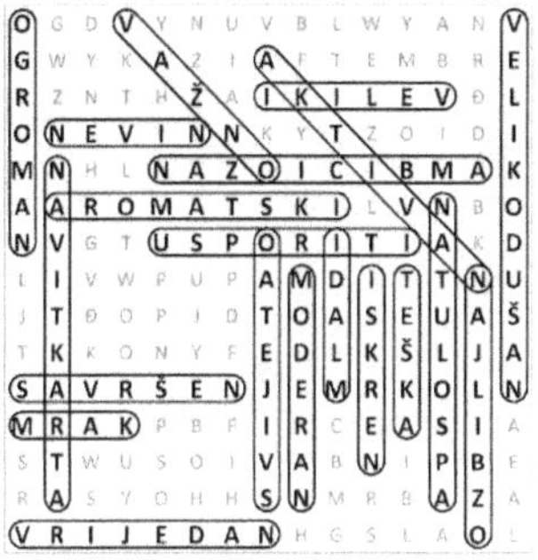

28 - Familia

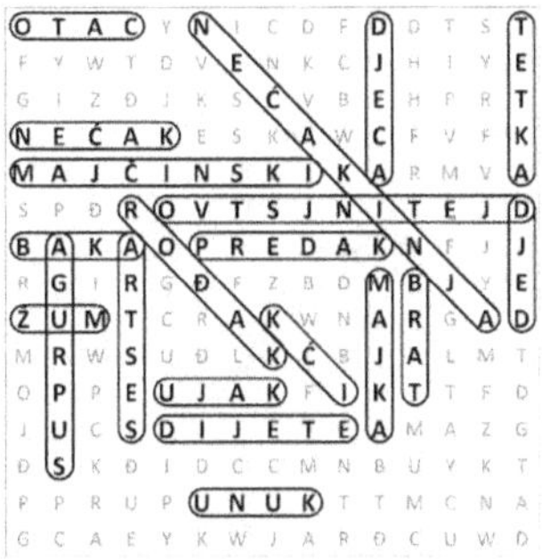

29 - Disciplinas Científicas

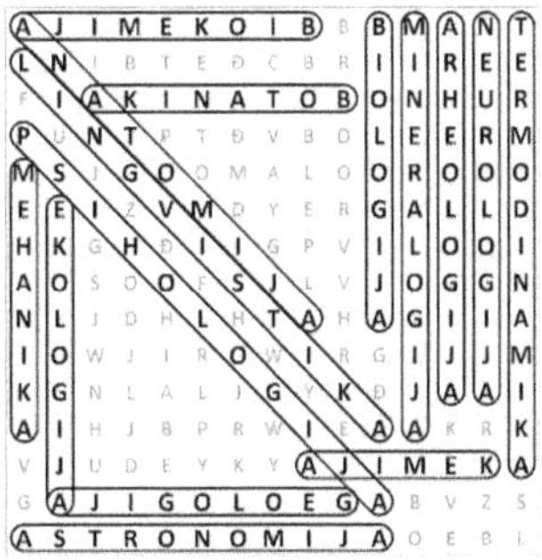

30 - Electricidad

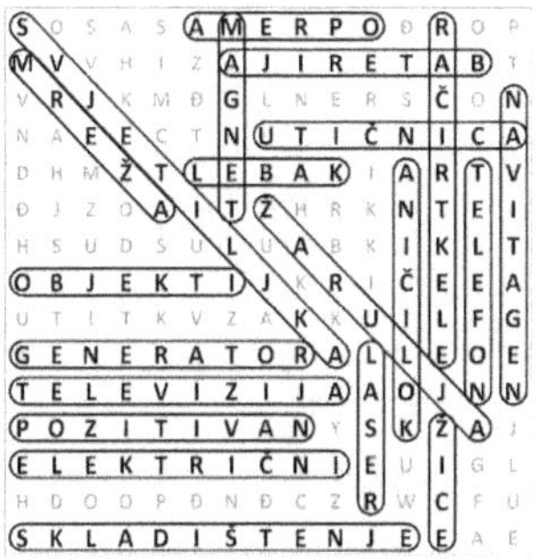

31 - Salud y Bienestar #1

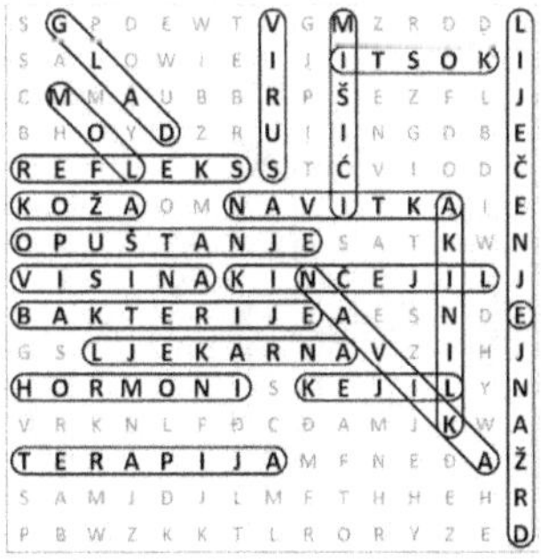

32 - Adjetivos #2

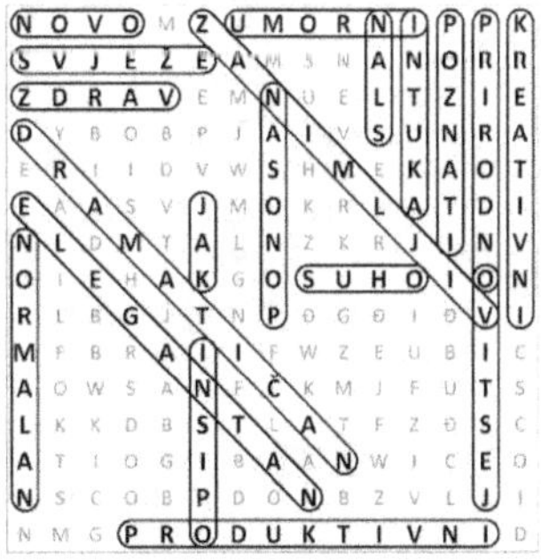

33 - Cuerpo Humano

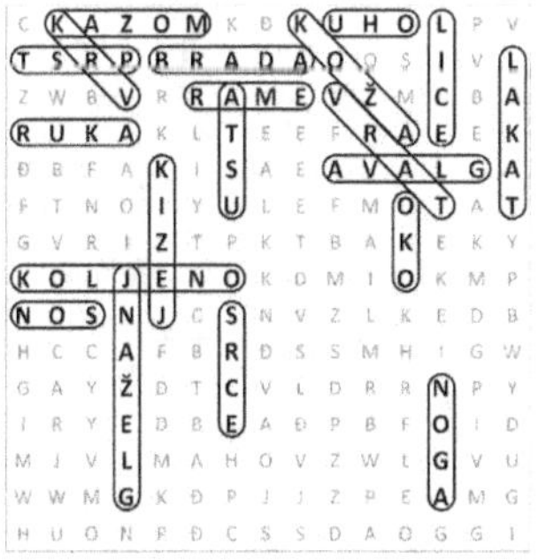

34 - Calentamiento Gl

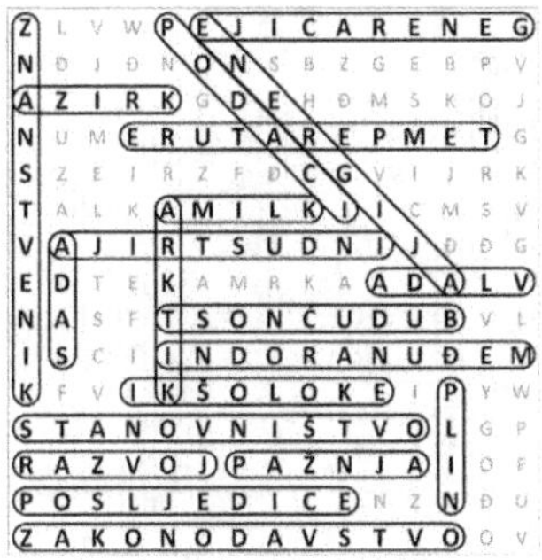

35 - Ciencia

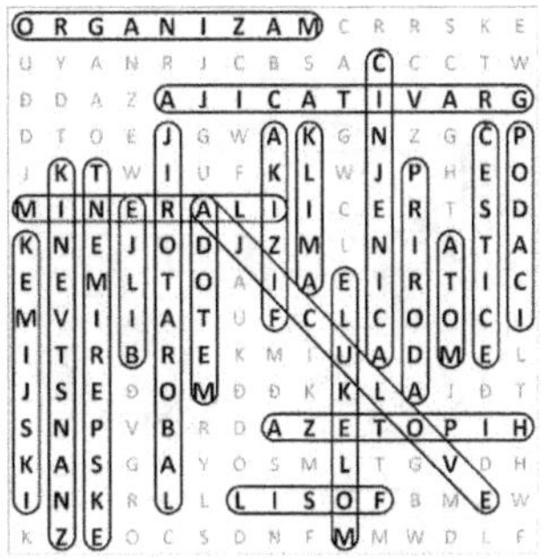

36 - Restaurante #2

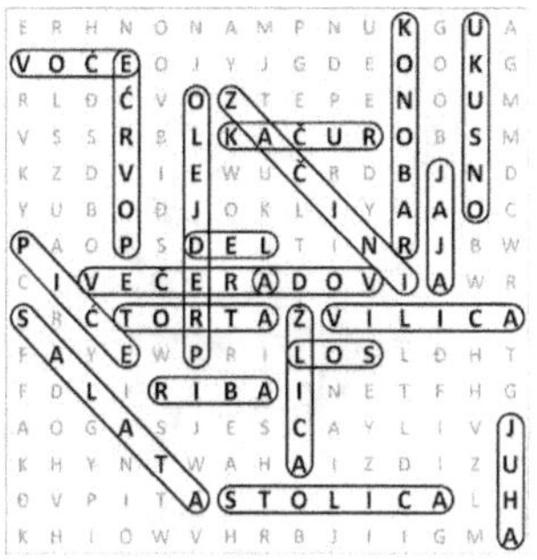

37 - Profesiones #1

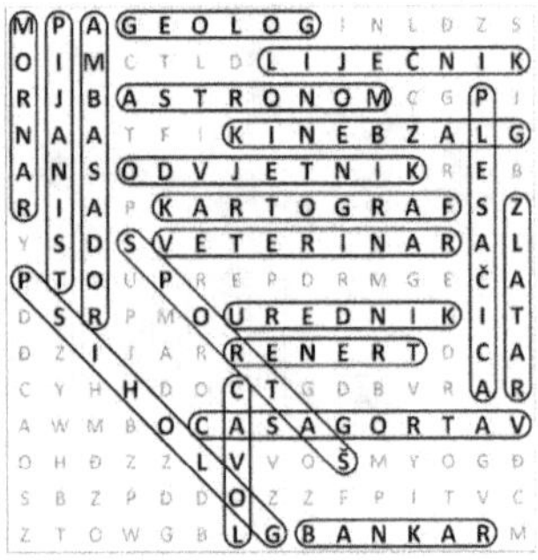

38 - Vehículos

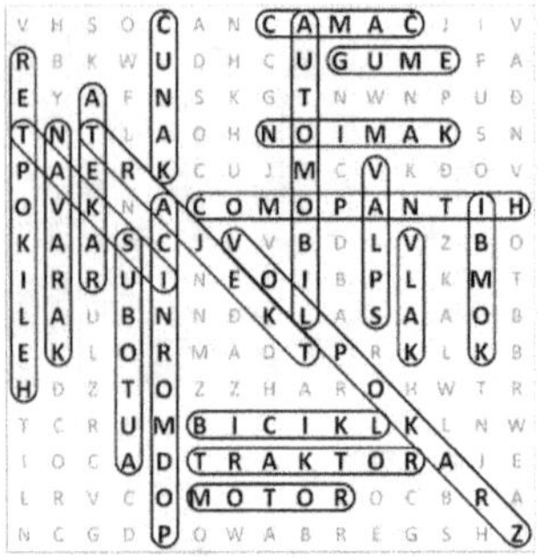

39 - Geometría

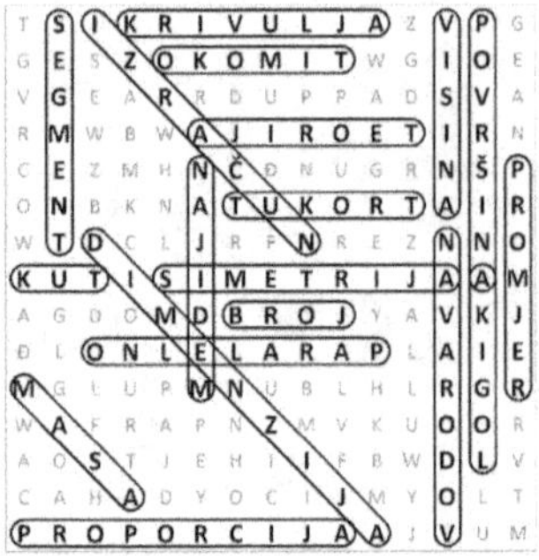

40 - Vacaciones #2

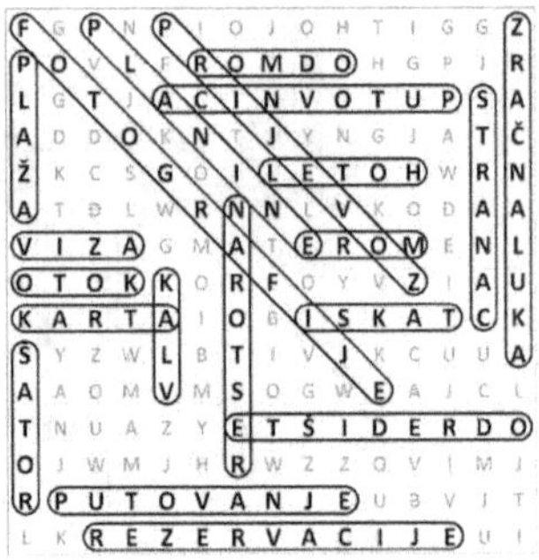

41 - Baile

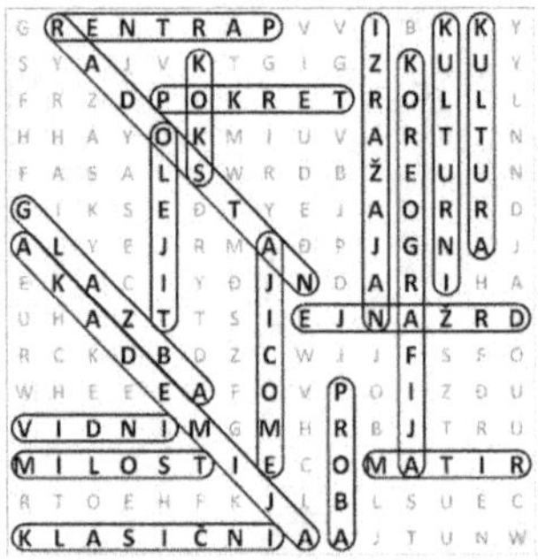

42 - Matemáticas

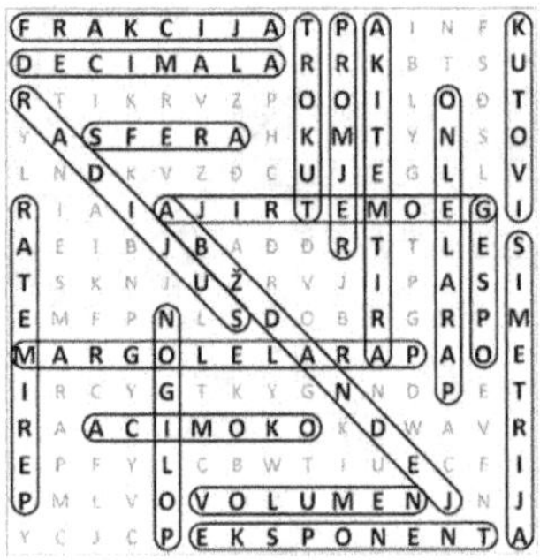

43 - Restaurante #1

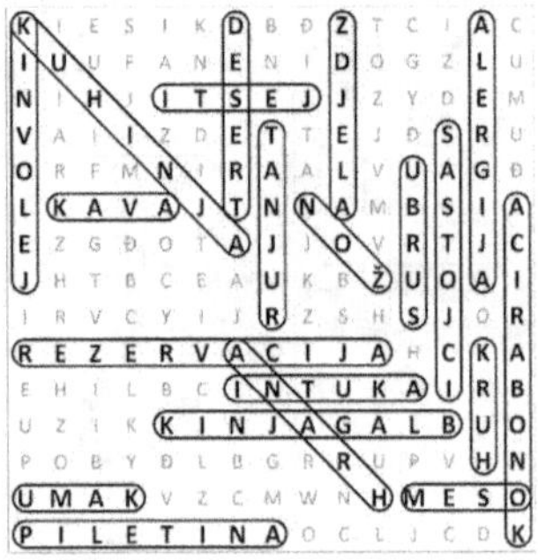

44 - Profesiones #2

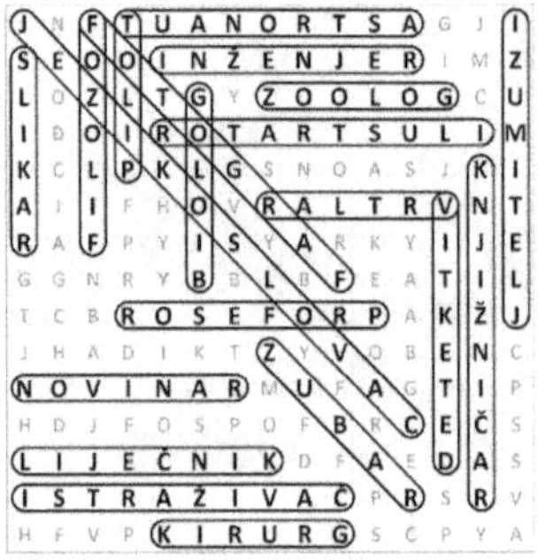

45 - Naturaleza

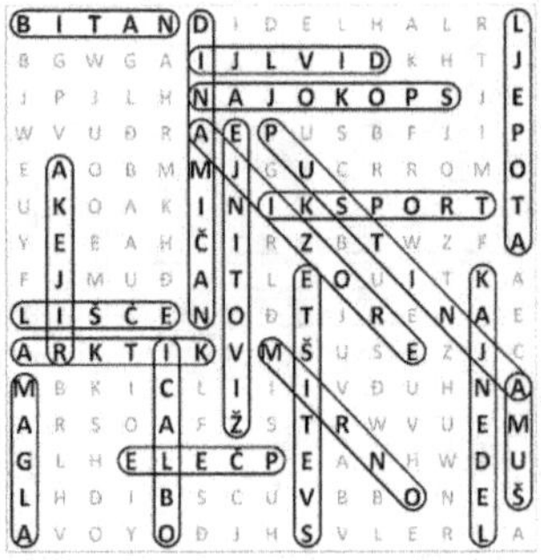

46 - Conduciendo

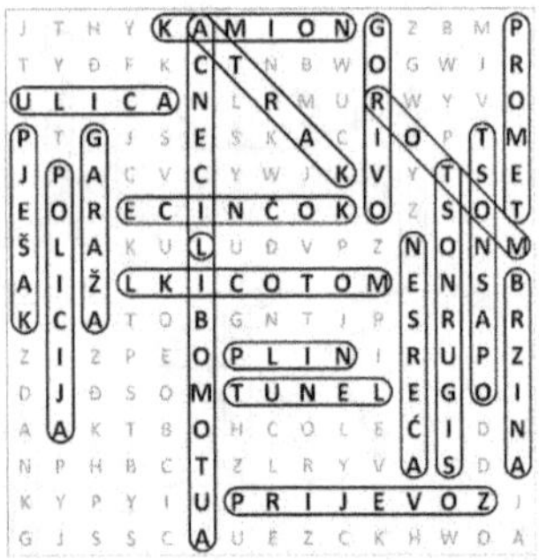

47 - Ballet

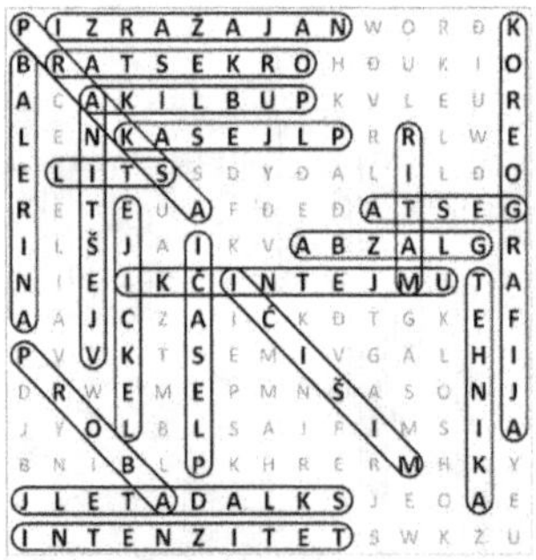

48 - Fuerza y Gravedad

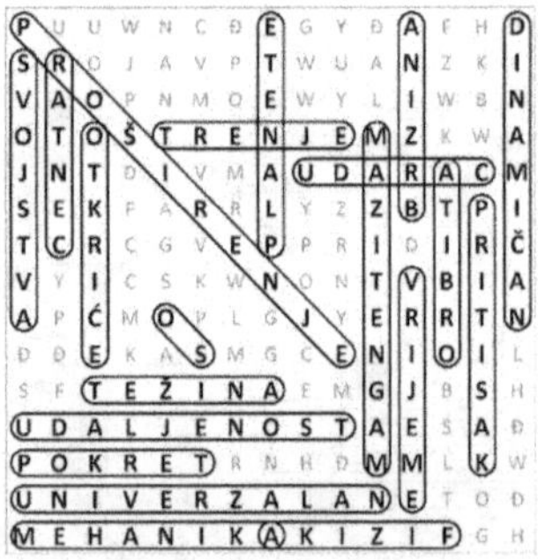

49 - Aventura

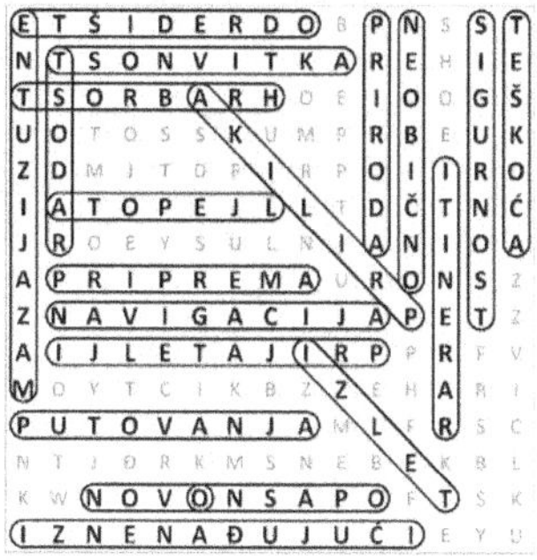

50 - Pájaros

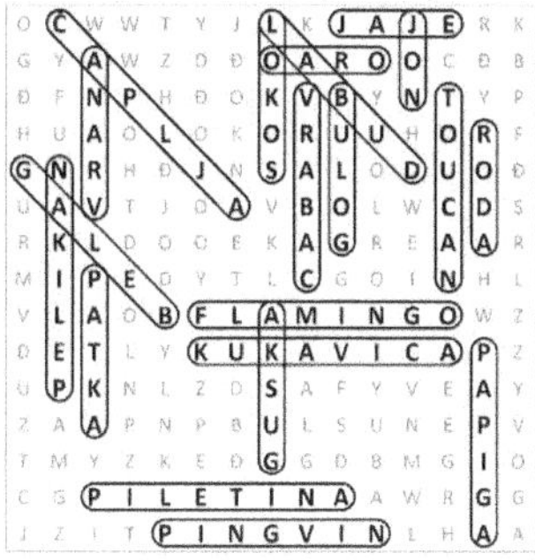

51 - Geografía

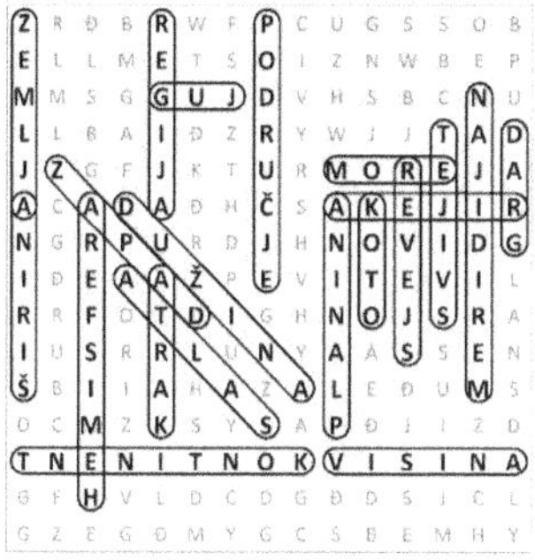

52 - Música

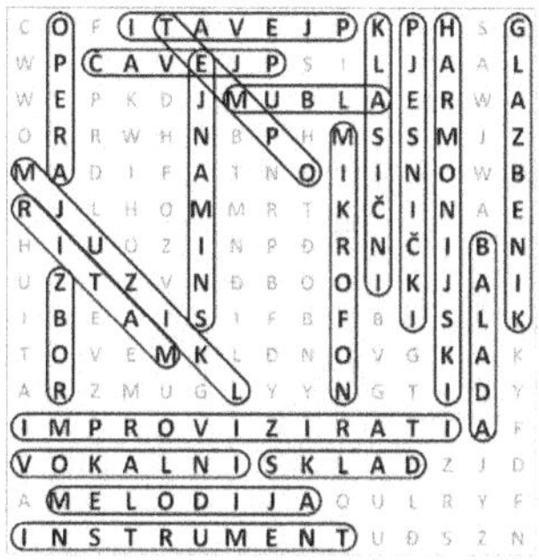

53 - Enfermedad

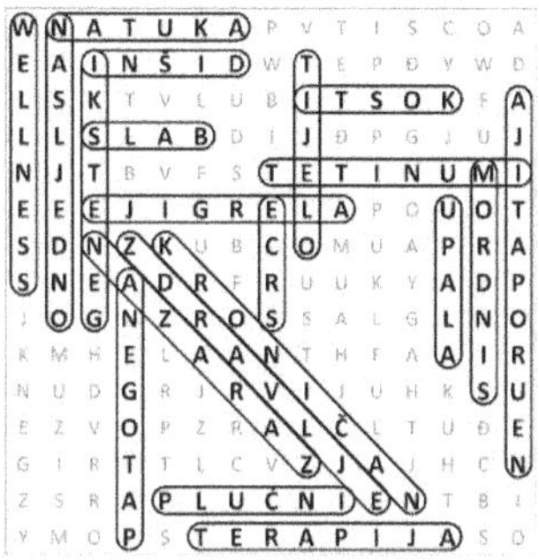

54 - Actividades

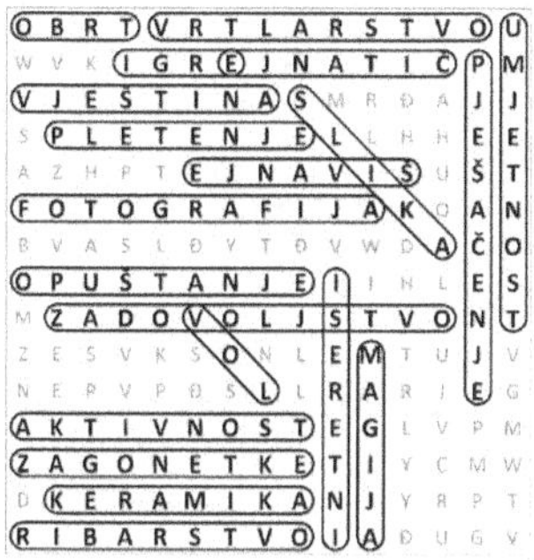

55 - Verduras

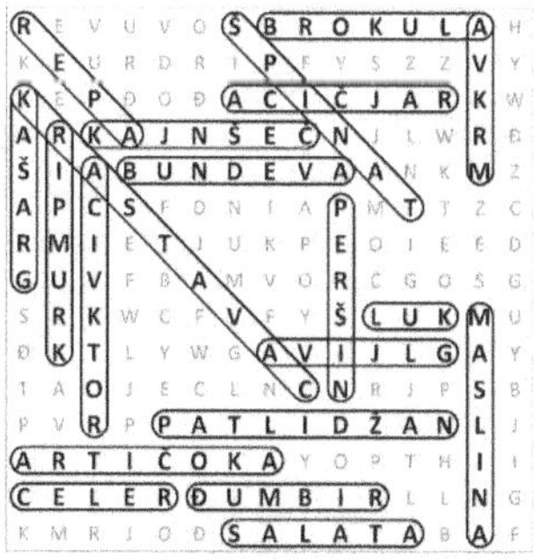

56 - Instrumentos Musicales

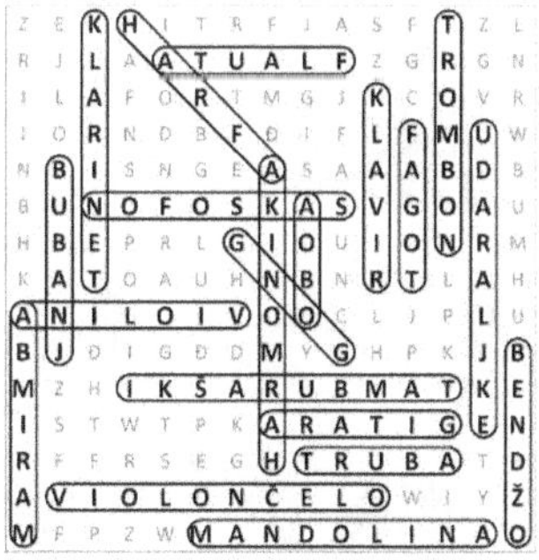

57 - Formas

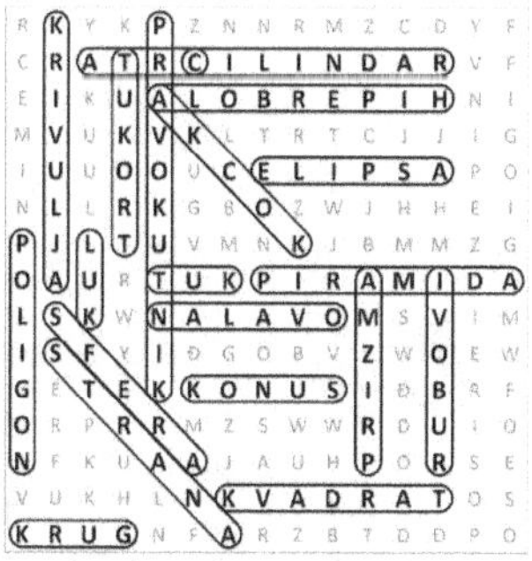

58 - Flores

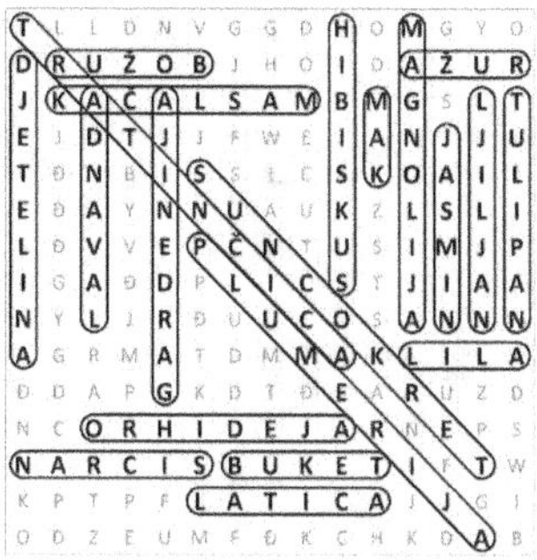

59 - Astronomía

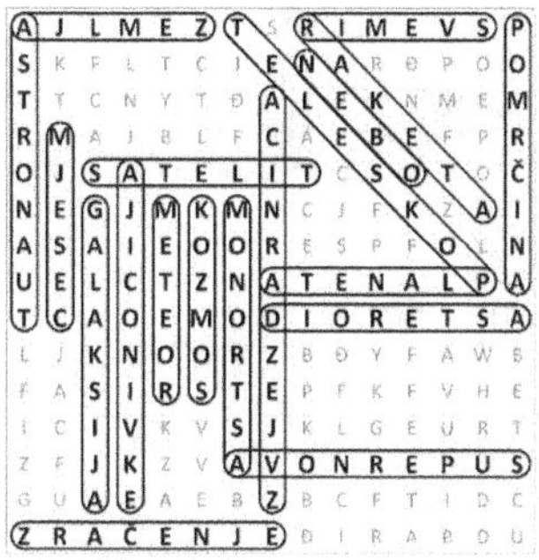

60 - Tiempo

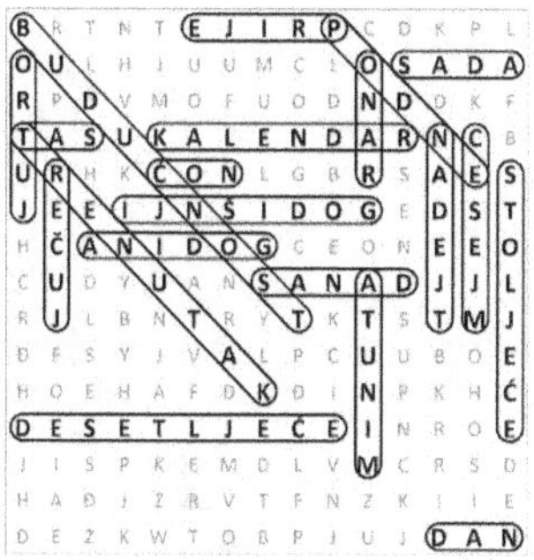

61 - Paisajes

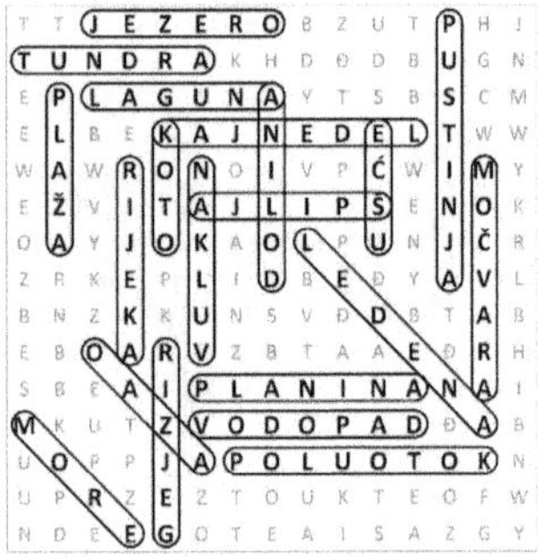

62 - Días y Meses

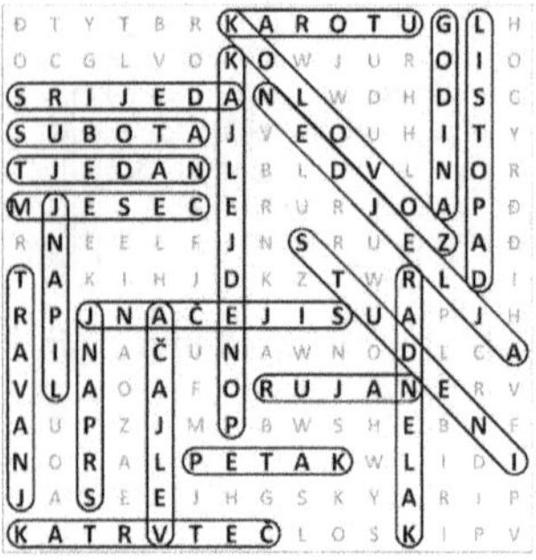

63 - Biología

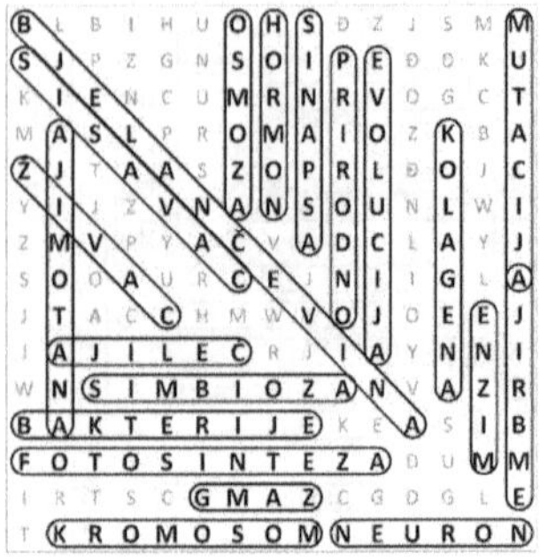

64 - Jardinería

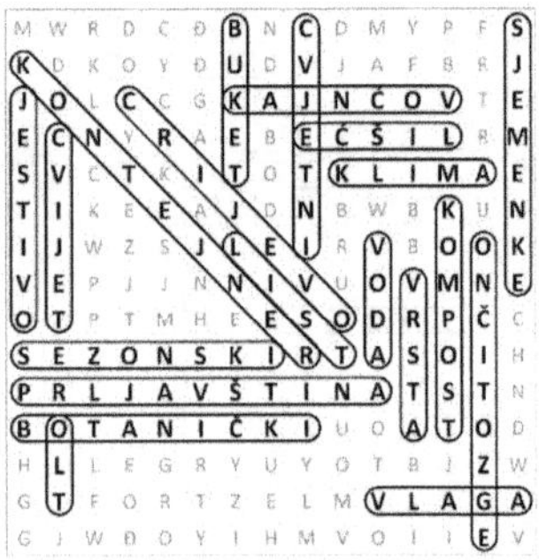

65 - Chocolate

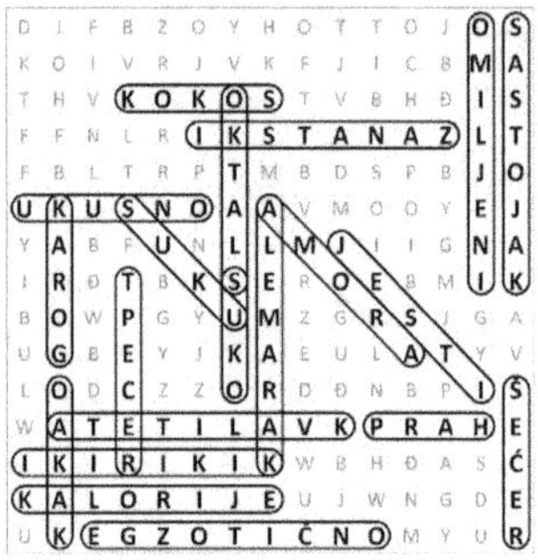

66 - Barbacoas

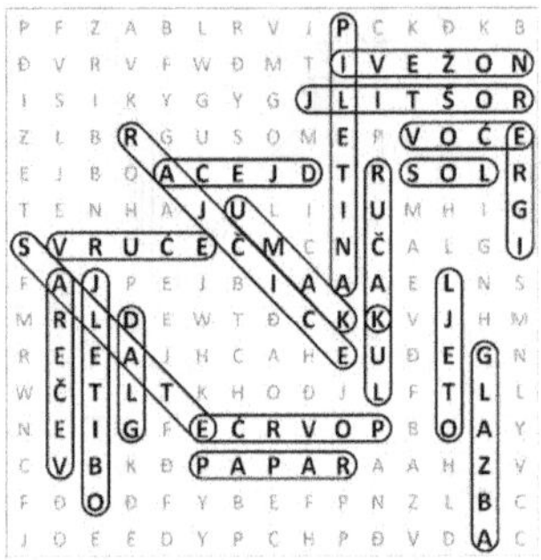

67 - Ropa

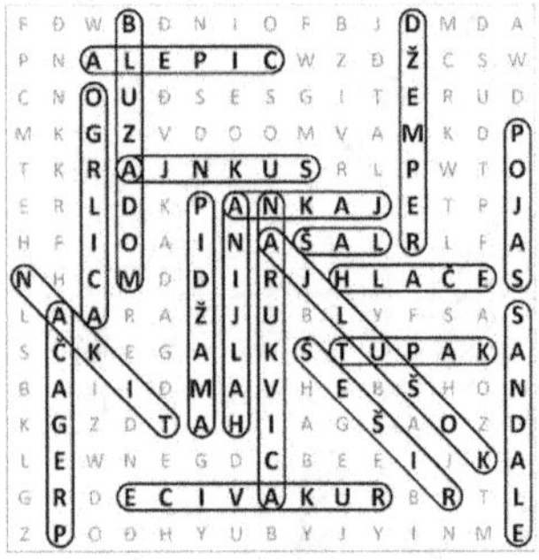

68 - Meditación

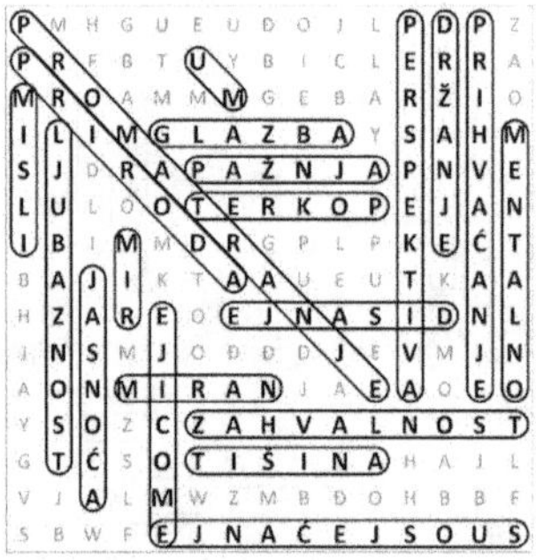

69 - Café

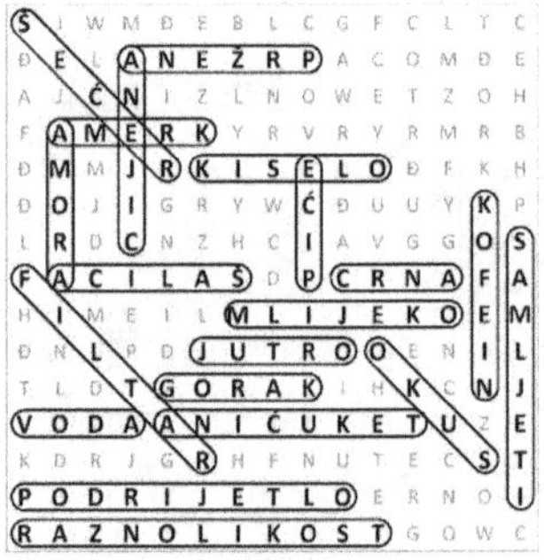

70 - Libros

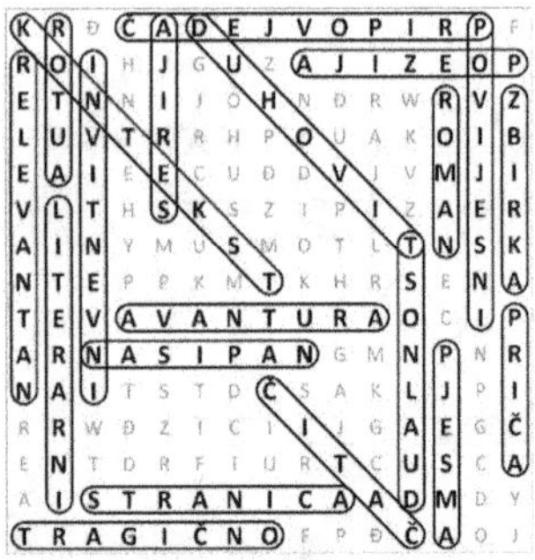

71 - Los Medios de Comunicación

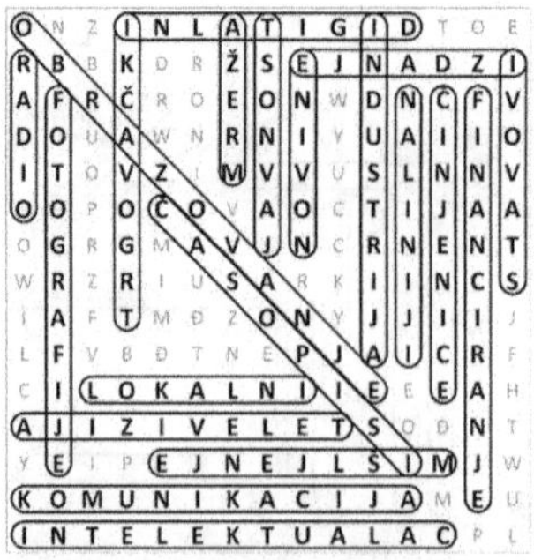

72 - Nutrición

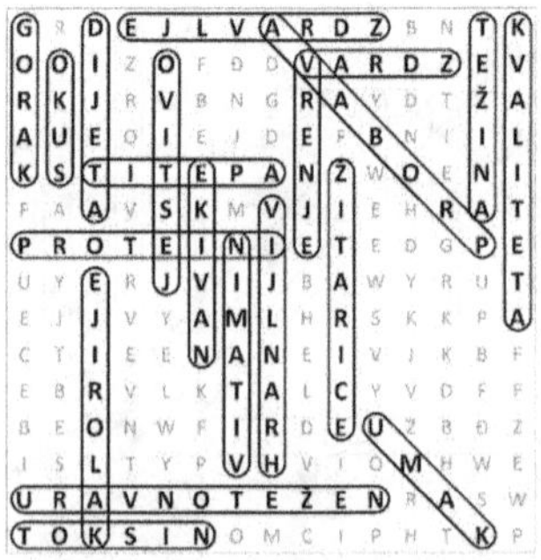

73 - Edificios

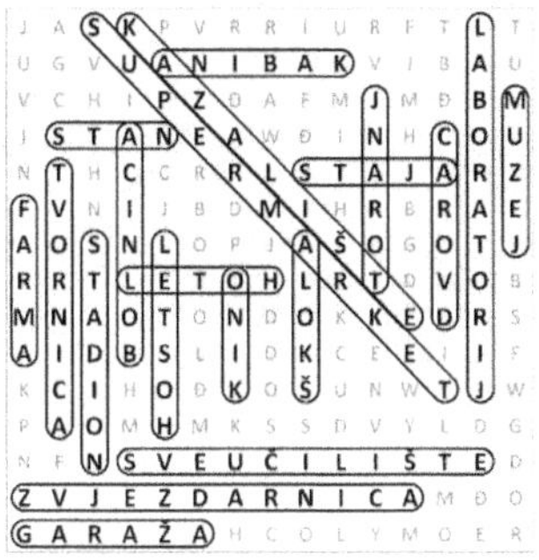

74 - Océano

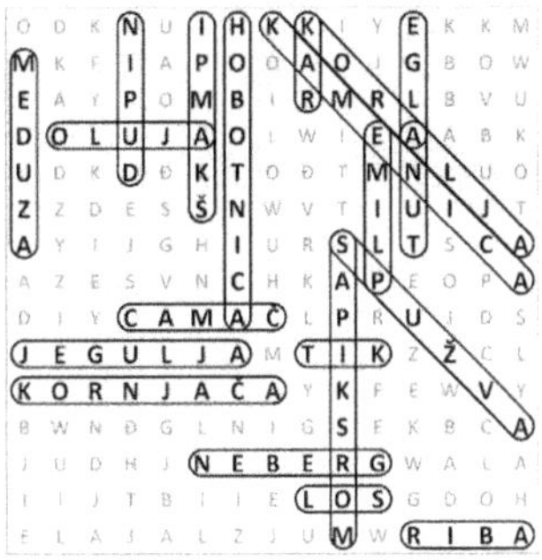

75 - Ciudad

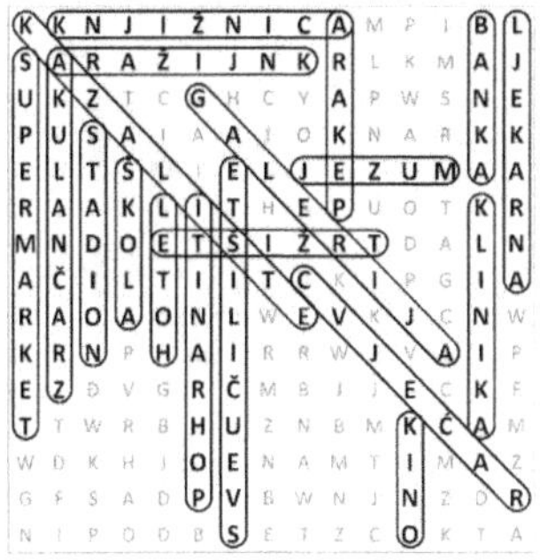

76 - Agronomía

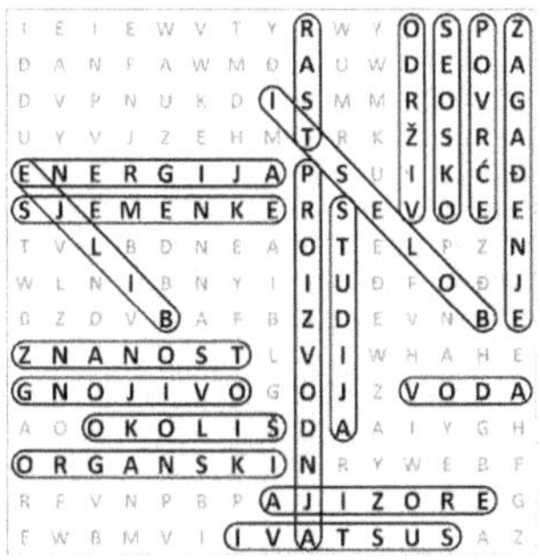

77 - Deporte

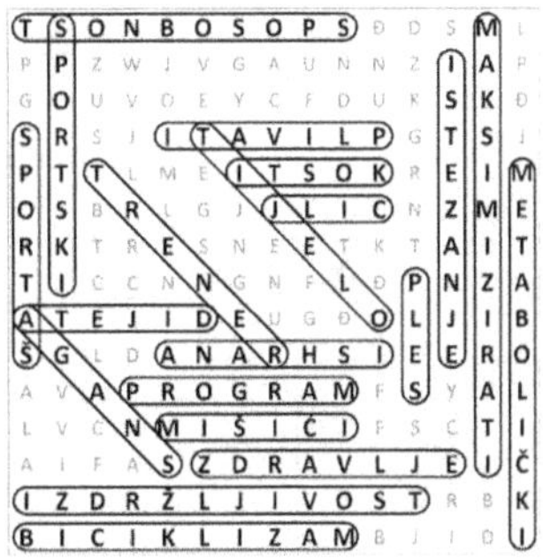

78 - Actividades y Ocio

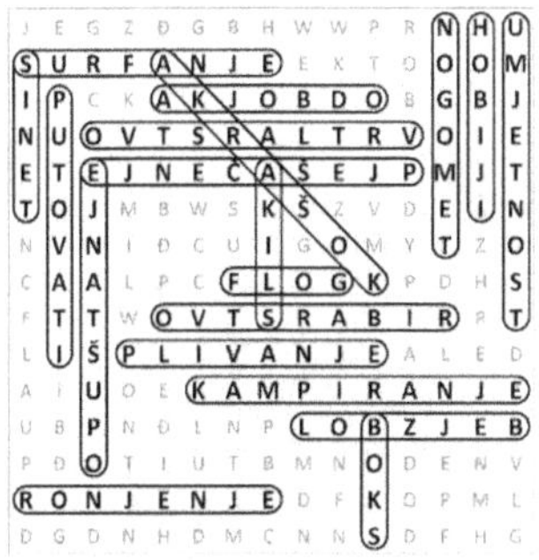

79 - Ingeniería

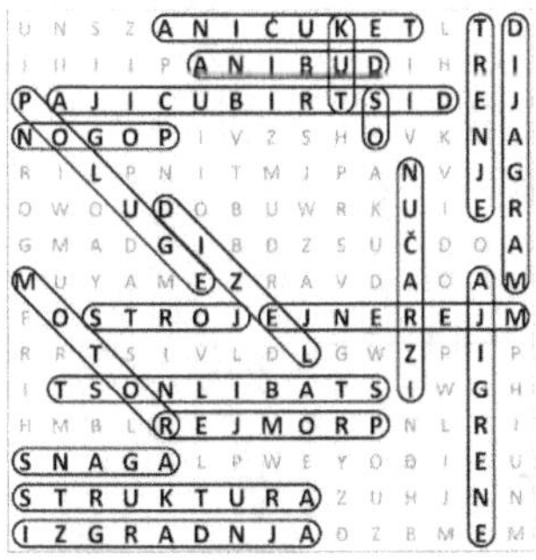

80 - Comida #1

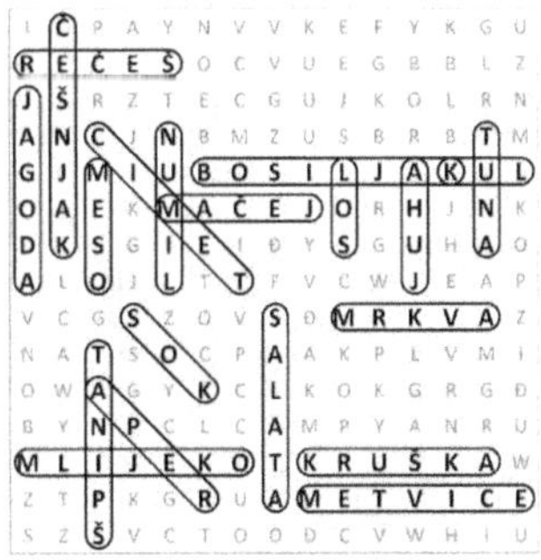

81 - Antigüedades

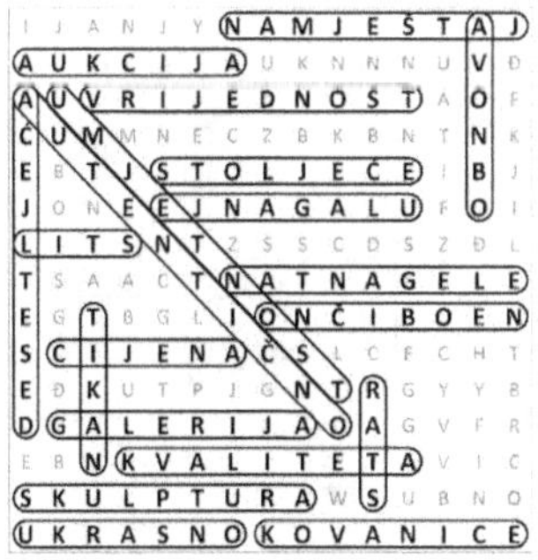

82 - Literatura

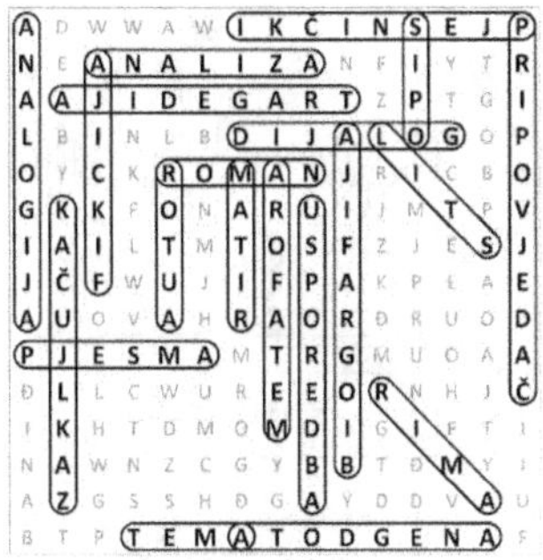

83 - Química

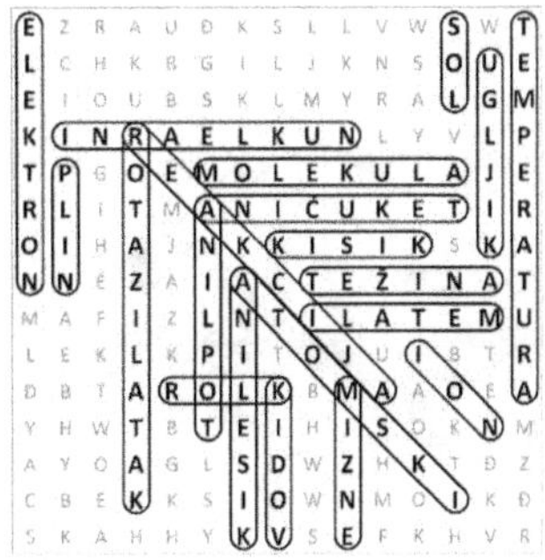

84 - Gobierno

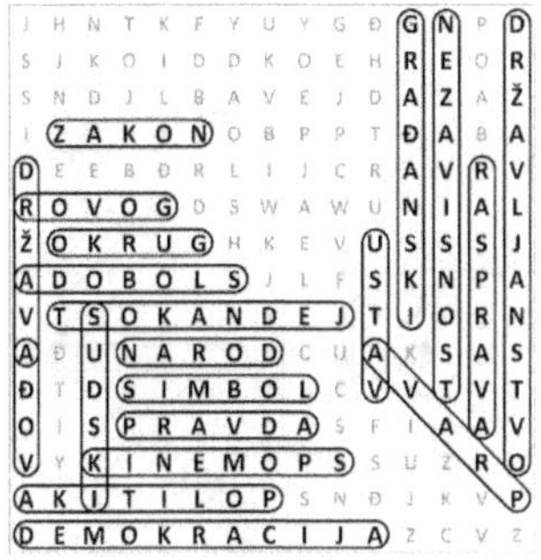

85 - Creatividad

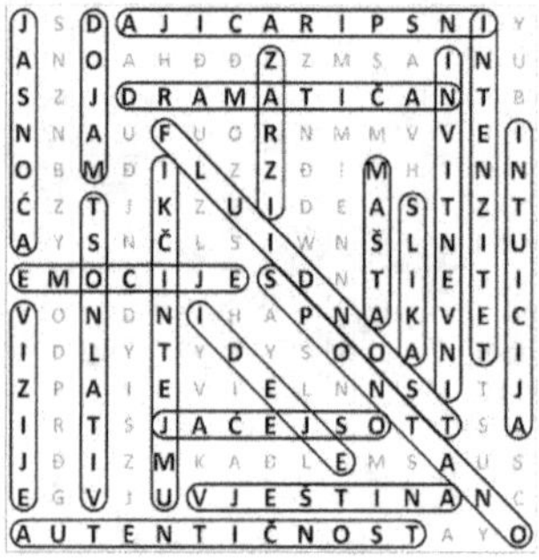

86 - Clima

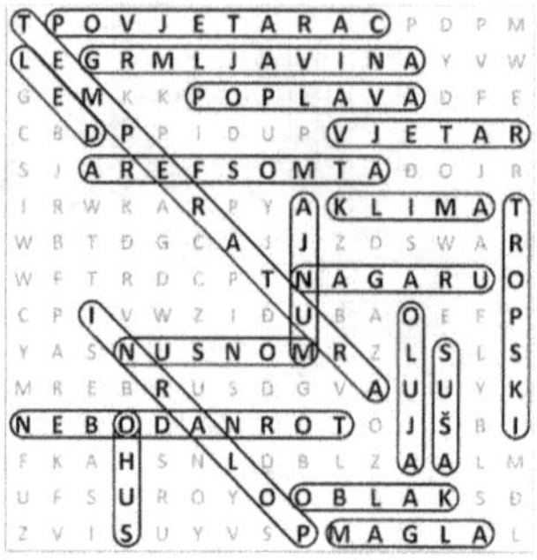

87 - Comida #2

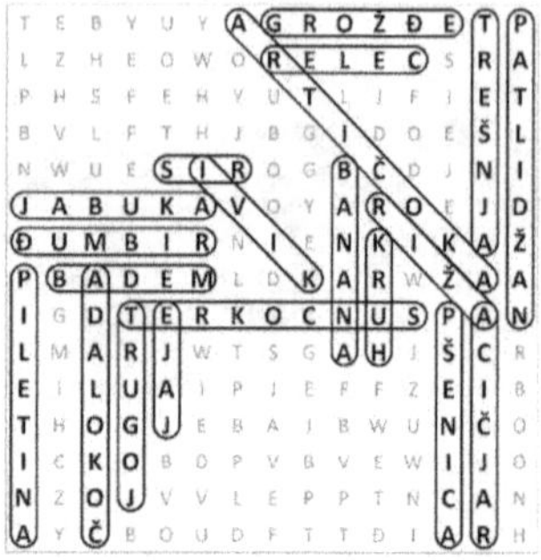

88 - Diplomacia

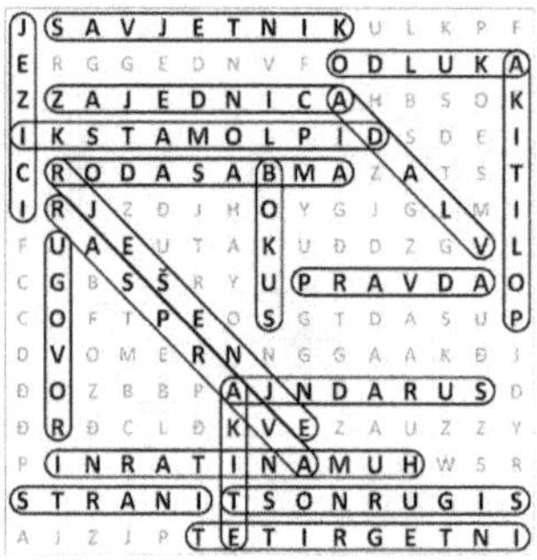

89 - Herboristería

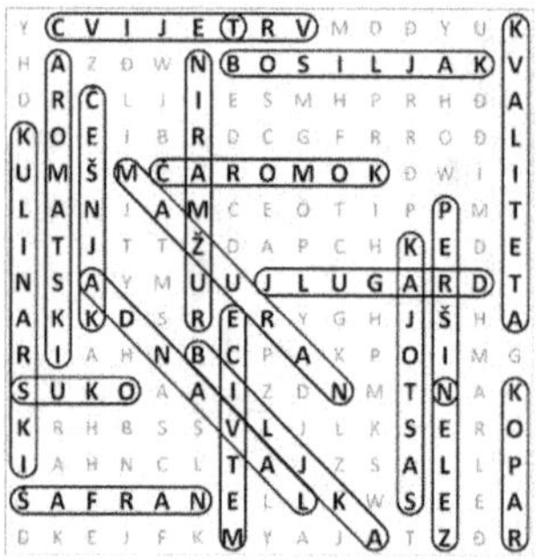

90 - Energía

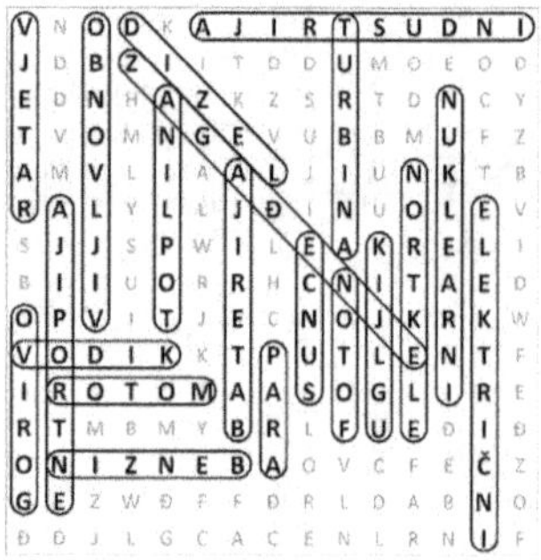

91 - Especias

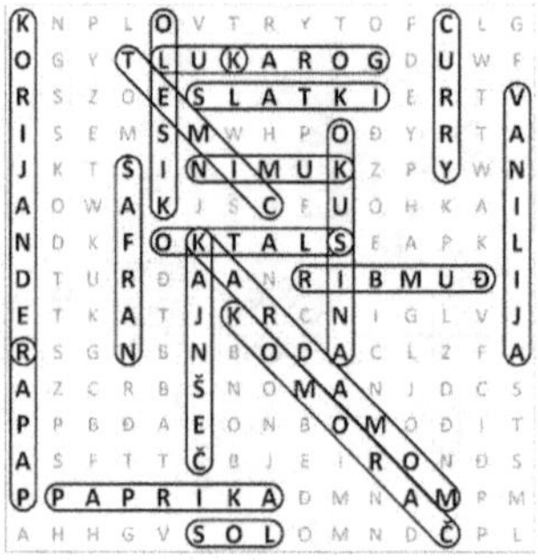

92 - Universo

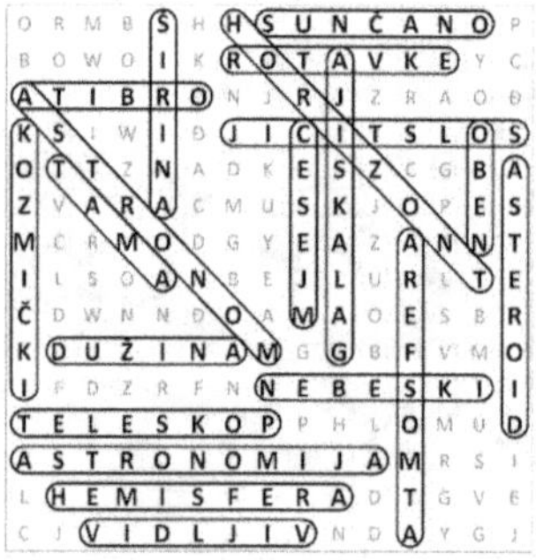

93 - Jazz

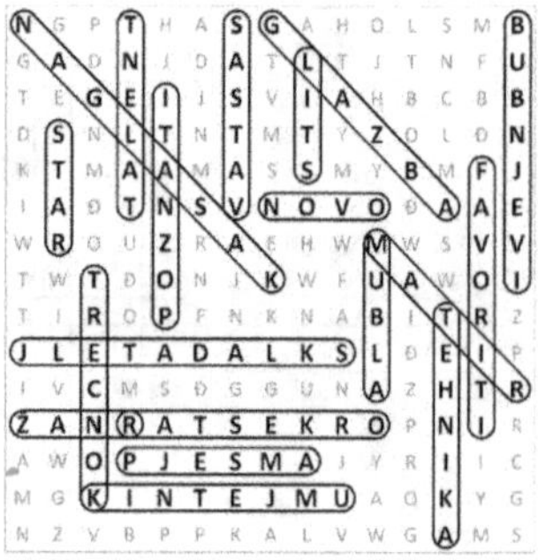

94 - Mediciones

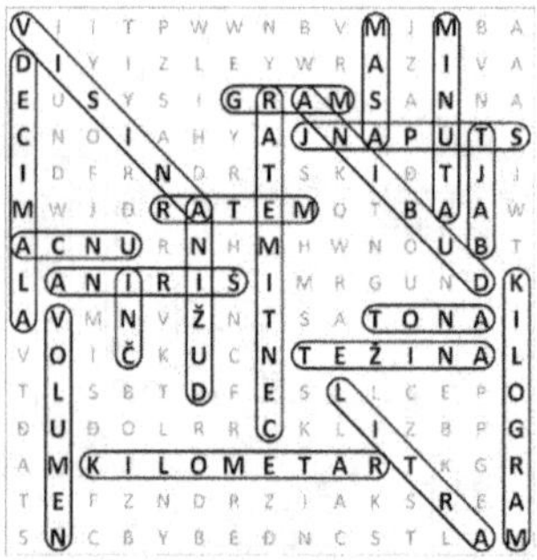

95 - Barcos

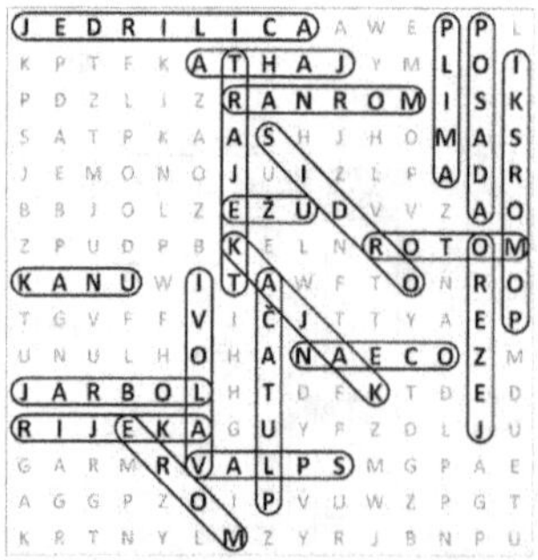

96 - Antártida

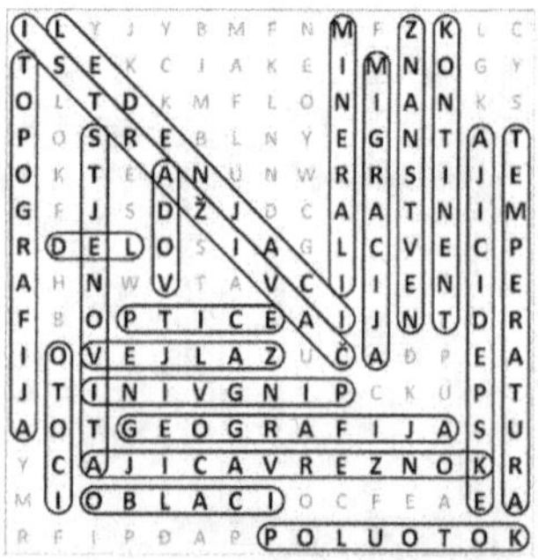

97 - Mamíferos

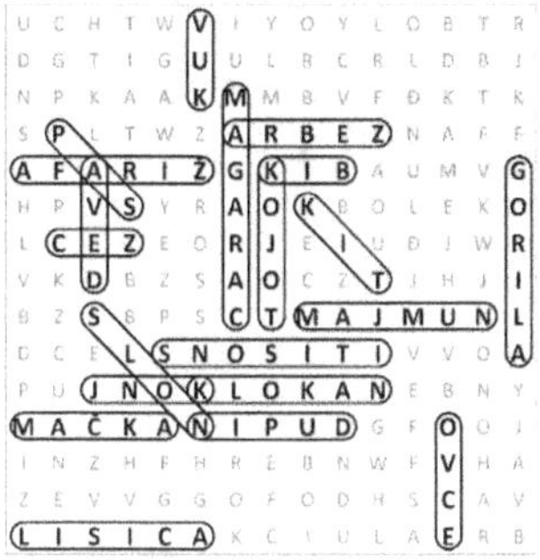

98 - Boxeo

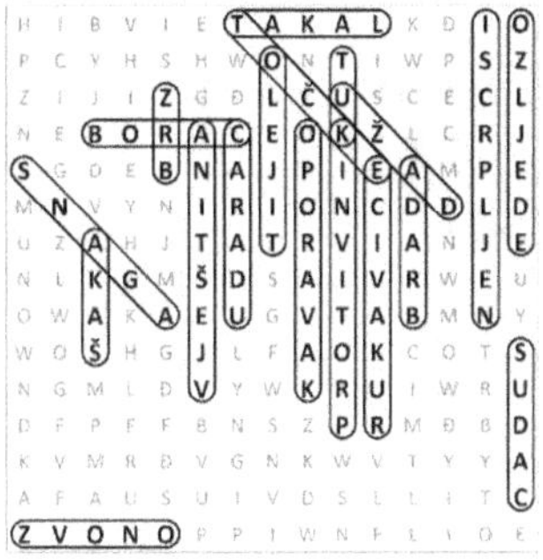

99 - Abejas

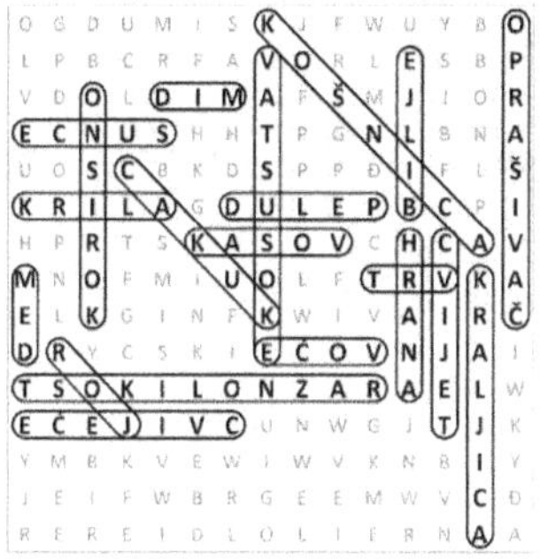

100 - Psicología

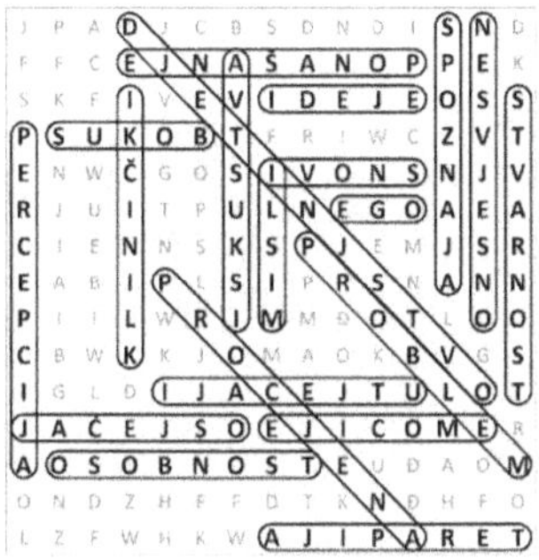

Diccionario

Abejas
Pčele

Alas	Krila
Beneficioso	Korisno
Cera	Vosak
Colmena	Košnica
Comida	Hrana
Diversidad	Raznolikost
Ecosistema	Ekosustav
Enjambre	Roj
Flor	Cvijet
Flores	Cvijeće
Fruta	Voće
Humo	Dim
Insecto	Kukac
Jardín	Vrt
Miel	Med
Plantas	Bilje
Polen	Pelud
Polinizador	Oprašivač
Reina	Kraljica
Sol	Sunce

Actividades
Aktivnosti

Actividad	Aktivnost
Arte	Umjetnost
Artesanía	Obrt
Caza	Lov
Cerámica	Keramika
Costura	Šivanje
Fotografía	Fotografija
Habilidad	Vještina
Intereses	Interesi
Jardinería	Vrtlarstvo
Juegos	Igre
Lectura	Čitanje
Magia	Magija
Pesca	Ribarstvo
Pintura	Slika
Placer	Zadovoljstvo
Relajación	Opuštanje
Rompecabezas	Zagonetke
Senderismo	Pješačenje
Tejer	Pletenje

Actividades y Ocio
Zabava i Slobodno Vrijeme

Aficiones	Hobiji
Arte	Umjetnost
Baloncesto	Košarka
Béisbol	Bejzbol
Boxeo	Boks
Buceo	Ronjenje
Camping	Kampiranje
Fútbol	Nogomet
Golf	Golf
Jardinería	Vrtlarstvo
Natación	Plivanje
Pesca	Ribarstvo
Pintura	Slika
Relajante	Opuštanje
Senderismo	Pješačenje
Surf	Surfanje
Tenis	Tenis
Viaje	Putovati
Voleibol	Odbojka

Adjetivos #1
Pridjevi № 1

Absoluto	Apsolutan
Activo	Aktivan
Ambicioso	Ambiciozan
Aromático	Aromatski
Atractivo	Atraktivan
Brillante	Svijetao
Enorme	Ogroman
Generoso	Velikodušan
Grande	Veliki
Honesto	Iskren
Importante	Važno
Inocente	Nevin
Joven	Mladi
Lento	Usporiti
Moderno	Moderan
Oscuro	Mrak
Perfecto	Savršen
Pesado	Teška
Serio	Ozbiljan
Valioso	Vrijedan

Adjetivos #2
Pridjevi № 2

Cansado	Umorni
Comestible	Jestivo
Creativo	Kreativni
Descriptivo	Opisni
Dramático	Dramatičan
Elegante	Elegantan
Famoso	Poznati
Fresco	Svježe
Fuerte	Jak
Interesante	Zanimljiv
Natural	Prirodno
Normal	Normalan
Nuevo	Novo
Orgulloso	Ponosan
Picante	Akutni
Productivo	Produktivni
Responsable	Odgovoran
Salado	Slan
Saludable	Zdrav
Seco	Suho

Agronomía
Agronomija

Agricultura	Poljoprivreda
Agua	Voda
Ciencia	Znanost
Contaminación	Zagađenje
Crecimiento	Rast
Ecología	Ekologija
Energía	Energija
Enfermedades	Bolesti
Erosión	Erozija
Estudio	Studija
Fertilizante	Gnojivo
Medio Ambiente	Okoliš
Orgánico	Organski
Plantas	Bilje
Producción	Proizvodnja
Rural	Seosko
Semillas	Sjemenke
Sistemas	Sustavi
Sostenible	Održiv
Verduras	Povrće

Ajedrez
Šah

Aprender	Učiti
Blanco	Bijeli
Campeón	Prvak
Concurso	Natjecanje
Diagonal	Dijagonala
Estrategia	Strategija
Inteligente	Pametan
Juego	Igra
Jugador	Igrač
Negro	Crna
Oponente	Protivnik
Pasivo	Pasivno
Puntos	Točke
Reglas	Pravila
Reina	Kraljica
Rey	Kralj
Sacrificio	Žrtvovati
Tiempo	Vrijeme
Torneo	Turnir

Antártida
Antarktika

Agua	Voda
Bahía	Zaljev
Científico	Znanstven
Conservación	Konzervacija
Continente	Kontinent
Expedición	Ekspedicija
Geografía	Geografija
Glaciares	Ledenjaci
Hielo	Led
Investigador	Istraživač
Islas	Otoci
Migración	Migracija
Minerales	Minerali
Nubes	Oblaci
Pájaros	Ptice
Península	Poluotok
Pingüinos	Pingvini
Rocoso	Stjenovita
Temperatura	Temperatura
Topografía	Topografija

Antigüedades
Antikviteti

Arte	Umjetnost
Auténtico	Autentično
Calidad	Kvaliteta
Decorativo	Ukrasno
Décadas	Desetljeća
Elegante	Elegantan
Escultura	Skulptura
Estilo	Stil
Galería	Galerija
Inusual	Neobično
Inversión	Ulaganje
Joyas	Nakit
Monedas	Kovanice
Mueble	Namještaj
Precio	Cijena
Restauración	Obnova
Siglo	Stoljeće
Subasta	Aukcija
Valor	Vrijednost
Viejo	Star

Arqueología
Arheologija

Análisis	Analiza
Años	Godine
Civilización	Civilizacija
Descendiente	Potomak
Desconocido	Nepoznat
Equipo	Tim
Era	Doba
Evaluación	Evaluacija
Experto	Stručnjak
Fósil	Fosil
Fragmentos	Fragmenti
Huesos	Kosti
Investigador	Istraživač
Misterio	Misterija
Objetos	Objekti
Olvidado	Zaboravio
Profesor	Profesor
Reliquia	Relikvija
Templo	Hram
Tumba	Grob

Astronomía
Astronomija

Asteroide	Asteroid
Astronauta	Astronaut
Astrónomo	Astronom
Cielo	Nebo
Cohete	Raketa
Constelación	Konstelacija
Cosmos	Kozmos
Eclipse	Pomrčina
Equinoccio	Ekvinocija
Galaxia	Galaksija
Luna	Mjesec
Meteoro	Meteor
Observatorio	Zvjezdarnica
Planeta	Planeta
Radiación	Zračenje
Satélite	Satelit
Supernova	Supernova
Telescopio	Teleskop
Tierra	Zemlja
Universo	Svemir

Aventura
Avantura

Actividad	Aktivnost
Alegría	Radost
Amigos	Prijatelji
Belleza	Ljepota
Destino	Odredište
Dificultad	Teškoća
Entusiasmo	Entuzijazam
Excursión	Izlet
Inusual	Neobično
Itinerario	Itinerar
Naturaleza	Priroda
Navegación	Navigacija
Nuevo	Novo
Oportunidad	Prilika
Peligroso	Opasno
Preparación	Priprema
Seguridad	Sigurnost
Sorprendente	Iznenađujući
Valentía	Hrabrost
Viajes	Putovanja

Aviones
Zrakoplovi

Aire	Zrak
Altura	Visina
Aterrizaje	Slijetanje
Atmósfera	Atmosfera
Aventura	Avantura
Cielo	Nebo
Combustible	Gorivo
Construcción	Izgradnja
Dirección	Smjer
Diseño	Dizajn
Globo	Balon
Hélices	Propeleri
Hidrógeno	Vodik
Historia	Povijest
Inflar	Napuhati
Motor	Motor
Pasajero	Putnik
Piloto	Pilot
Tripulación	Posada
Turbulencia	Turbulencija

Álgebra
Algebra

Cantidad	Količina
Cero	Nula
Diagrama	Dijagram
División	Podjela
Ecuación	Jednadžba
Exponente	Eksponent
Factor	Faktor
Falso	Lažno
Fórmula	Formula
Fracción	Frakcija
Infinito	Beskonačno
Lineal	Linearni
Matriz	Matrica
Número	Broj
Paréntesis	Zagrada
Problema	Problem
Resolver	Riješiti
Resta	Oduzimanje
Solución	Rješenje
Variable	Varijabla

Baile
Ples

Academia	Akademija
Alegre	Radostan
Arte	Umjetnost
Clásico	Klasični
Coreografía	Koreografija
Cuerpo	Tijelo
Cultura	Kultura
Cultural	Kulturni
Emoción	Emocija
Ensayo	Proba
Expresivo	Izražajan
Gracia	Milost
Movimiento	Pokret
Música	Glazba
Postura	Držanje
Ritmo	Ritam
Saltar	Skok
Socio	Partner
Tradicional	Tradicionalan
Visual	Vidni

Ballet
Balet

Aplauso	Pljesak
Artístico	Umjetnički
Audiencia	Publika
Bailarina	Balerina
Bailarines	Plesači
Compositor	Skladatelj
Coreografía	Koreografija
Ensayo	Proba
Estilo	Stil
Expresivo	Izražajan
Gesto	Gesta
Habilidad	Vještina
Intensidad	Intenzitet
Lecciones	Lekcije
Músculos	Mišići
Música	Glazba
Orquesta	Orkestar
Práctica	Praksa
Ritmo	Ritam
Técnica	Tehnika

Barbacoas
Roštilji

Almuerzo	Ručak
Caliente	Vruće
Cebollas	Luk
Cena	Večera
Cuchillos	Noževi
Ensaladas	Salate
Familia	Obitelj
Fruta	Voće
Hambre	Glad
Juegos	Igre
Música	Glazba
Niños	Djeca
Parrilla	Roštilj
Pimienta	Papar
Pollo	Piletina
Sal	Sol
Salsa	Umak
Tomates	Rajčice
Verano	Ljeto
Verduras	Povrće

Barcos
Brodovi

Ancla	Sidro
Balsa	Splav
Boya	Plutača
Canoa	Kanu
Cuerda	Uže
Ferry	Trajekt
Kayak	Kajak
Lago	Jezero
Mar	More
Marea	Plima
Marinero	Mornar
Mástil	Jarbol
Motor	Motor
Náutico	Pomorski
Océano	Ocean
Olas	Valovi
Río	Rijeka
Tripulación	Posada
Velero	Jedrilica
Yate	Jahta

Belleza
Ljepota

Aceites	Ulja
Champú	Šampon
Color	Boja
Cosméticos	Kozmetika
Elegancia	Elegancija
Elegante	Elegantan
Encanto	Šarm
Espejo	Ogledalo
Estilista	Stilist
Fotogénico	Fotogeničan
Fragancia	Miris
Gracia	Milost
Maquillaje	Šminka
Piel	Koža
Pintalabios	Ruž
Productos	Proizvodi
Rizos	Kovrče
Rímel	Maskara
Servicios	Usluge
Tijeras	Škare

Biología
Biologija

Anatomía	Anatomija
Bacterias	Bakterije
Celda	Ćelija
Colágeno	Kolagena
Cromosoma	Kromosom
Embrión	Embrija
Enzima	Enzim
Evolución	Evolucija
Fotosíntesis	Fotosinteza
Hormona	Hormon
Mamífero	Sisavac
Mutación	Mutacija
Natural	Prirodno
Nervio	Živac
Neurona	Neuron
Ósmosis	Osmoza
Proteína	Bjelančevina
Reptil	Gmaz
Simbiosis	Simbioza
Sinapsis	Sinapsa

Boxeo
Boks

Árbitro	Sudac
Barbilla	Brada
Campana	Zvono
Codo	Lakat
Cuerdas	Užad
Cuerpo	Tijelo
Esquina	Kut
Exhausto	Iscrpljen
Fuerza	Snaga
Guantes	Rukavice
Habilidad	Vještina
Lesiones	Ozljede
Luchador	Borac
Oponente	Protivnik
Patear	Udarac
Puntos	Točke
Puño	Šaka
Rápido	Brz
Recuperación	Oporavak

Café
Kava

Agua	Voda
Amargo	Gorak
Aroma	Aroma
Asado	Pržena
Azúcar	Šećer
Ácido	Kiselo
Bebida	Piće
Cafeína	Kofein
Crema	Krema
Filtro	Filtar
Leche	Mlijeko
Líquido	Tekućina
Mañana	Jutro
Moler	Samljeti
Negro	Crna
Origen	Podrijetlo
Precio	Cijena
Sabor	Okus
Taza	Šalica
Variedad	Raznolikost

Calentamiento Global
Globalno Zagrijavanje

Ahora	Sada
Ambiental	Ekološki
Atención	Pažnja
Ártico	Arktik
Científico	Znanstvenik
Clima	Klima
Consecuencias	Posljedice
Crisis	Kriza
Datos	Podaci
Desarrollo	Razvoj
Energía	Energija
Futuro	Budućnost
Gas	Plin
Generaciones	Generacije
Gobierno	Vlada
Industria	Industrija
Internacional	Međunarodni
Legislación	Zakonodavstvo
Poblaciones	Stanovništvo
Temperaturas	Temperature

Camping
Kampiranje

Animales	Životinje
Aventura	Avantura
Árboles	Drveća
Bosque	Šuma
Brújula	Kompas
Cabina	Kabina
Canoa	Kanu
Caza	Lov
Cuerda	Uže
Equipo	Oprema
Fuego	Vatra
Hamaca	Viseća
Insecto	Kukac
Lago	Jezero
Linterna	Fenjer
Luna	Mjesec
Mapa	Karta
Montaña	Planina
Naturaleza	Priroda
Sombrero	Šešir

Casa
Kuća

Alfombra	Tepih
Ático	Potkrovlje
Biblioteca	Knjižnica
Chimenea	Dimnjak
Cocina	Kuhinja
Dormitorio	Spavaća Soba
Ducha	Tuš
Escoba	Metla
Espejo	Ogledalo
Garaje	Garaža
Grifo	Slavina
Jardín	Vrt
Lámpara	Svjetiljka
Pared	Zid
Piso	Kat
Puerta	Vrata
Sótano	Podrum
Techo	Krov
Valla	Ograda
Ventana	Prozor

Chocolate
Čokolada

Amargo	Gorak
Aroma	Aroma
Artesanal	Zanatski
Azúcar	Šećer
Cacahuetes	Kikiriki
Cacao	Kakao
Calidad	Kvaliteta
Calorías	Kalorije
Caramelo	Karamela
Coco	Kokos
Comer	Jesti
Delicioso	Ukusno
Dulce	Slatko
Exótico	Egzotično
Favorito	Omiljeni
Gusto	Ukus
Ingrediente	Sastojak
Polvo	Prah
Receta	Recept
Sabor	Okus

Ciencia
Znanost

Átomo	Atom
Científico	Znanstvenik
Clima	Klima
Datos	Podaci
Evolución	Evolucija
Experimento	Eksperiment
Física	Fizika
Fósil	Fosil
Gravedad	Gravitacija
Hecho	Činjenica
Hipótesis	Hipoteza
Laboratorio	Laboratorij
Método	Metoda
Minerales	Minerali
Moléculas	Molekule
Naturaleza	Priroda
Organismo	Organizam
Partículas	Čestice
Plantas	Bilje
Químico	Kemijski

Ciencia Ficción
Znanstvena Fantastika

Atómico	Atomski
Cine	Kino
Escenario	Scenarij
Explosión	Eksplozija
Extremo	Krajnost
Fantástico	Fantastičan
Fuego	Vatra
Futurista	Futuristički
Galaxia	Galaksija
Ilusión	Iluzija
Imaginario	Zamišljen
Libros	Knjige
Misterioso	Tajanstveni
Mundo	Svijet
Oráculo	Proročište
Planeta	Planeta
Realista	Realno
Robots	Roboti
Tecnología	Tehnologija
Utopía	Utopija

Ciudad
Grad

Aeropuerto	Zračna Luka
Banco	Banka
Biblioteca	Knjižnica
Cine	Kino
Clínica	Klinika
Escuela	Škola
Estadio	Stadion
Farmacia	Ljekarna
Florista	Cvjećar
Galería	Galerija
Hotel	Hotel
Librería	Knjižara
Mercado	Tržište
Museo	Muzej
Panadería	Pekara
Supermercado	Supermarket
Teatro	Kazalište
Tienda	Pohraniti
Universidad	Sveučilište
Zoo	Zoološki Vrt

Clima
Vrijeme

Atmósfera	Atmosfera
Brisa	Povjetarac
Cielo	Nebo
Clima	Klima
Hielo	Led
Huracán	Uragan
Inundación	Poplava
Monzón	Monsun
Niebla	Magla
Nube	Oblak
Polar	Polarni
Rayo	Munja
Seco	Suho
Sequía	Suša
Temperatura	Temperatura
Tormenta	Oluja
Tornado	Tornado
Tropical	Tropski
Trueno	Grmljavina
Viento	Vjetar

Comida #1
Hrana # 1

Ajo	Češnjak
Albahaca	Bosiljak
Atún	Tuna
Azúcar	Šećer
Canela	Cimet
Carne	Meso
Cebada	Ječam
Cebolla	Luk
Ensalada	Salata
Espinacas	Špinat
Fresa	Jagoda
Jugo	Sok
Leche	Mlijeko
Limón	Limun
Menta	Metvice
Nabo	Repa
Pera	Kruška
Sal	Sol
Sopa	Juha
Zanahoria	Mrkva

Comida #2
Hrana # 2

Alcachofa	Artičoka
Almendra	Badem
Apio	Celer
Arroz	Riža
Berenjena	Patlidžan
Cereza	Trešnja
Chocolate	Čokolada
Girasol	Suncokret
Huevo	Jaje
Jengibre	Đumbir
Kiwi	Kivi
Manzana	Jabuka
Pan	Kruh
Plátano	Banana
Pollo	Piletina
Queso	Sir
Tomate	Rajčica
Trigo	Pšenica
Uva	Grožđe
Yogur	Jogurt

Conduciendo
Vožnja

Accidente	Nesreća
Calle	Ulica
Camión	Kamion
Coche	Automobil
Combustible	Gorivo
Frenos	Kočnice
Garaje	Garaža
Gas	Plin
Licencia	Licenca
Mapa	Karta
Motocicleta	Motocikl
Motor	Motor
Peatonal	Pješak
Peligro	Opasnost
Policía	Policija
Seguridad	Sigurnost
Transporte	Prijevoz
Tráfico	Promet
Túnel	Tunel
Velocidad	Brzina

Creatividad
Kreativnost

Artístico	Umjetnički
Autenticidad	Autentičnost
Claridad	Jasnoća
Dramático	Dramatičan
Emociones	Emocije
Espontáneo	Spontano
Expresión	Izraz
Fluidez	Fluidnost
Habilidad	Vještina
Ideas	Ideje
Imagen	Slika
Imaginación	Mašta
Impresión	Dojam
Inspiración	Inspiracija
Intensidad	Intenzitet
Intuición	Intuicija
Inventivo	Inventivni
Sensación	Osjećaj
Visiones	Vizije
Vitalidad	Vitalnost

Cuerpo Humano
Ljudsko Tijelo

Barbilla	Brada
Boca	Usta
Cabeza	Glava
Cara	Lice
Cerebro	Mozak
Codo	Lakat
Corazón	Srce
Cuello	Vrat
Dedo	Prst
Hombro	Rame
Lengua	Jezik
Mano	Ruka
Nariz	Nos
Ojo	Oko
Oreja	Uho
Piel	Koža
Pierna	Noga
Rodilla	Koljeno
Sangre	Krv
Tobillo	Gležanj

Deporte
Sport

Atleta	Sportaš
Baile	Ples
Capacidad	Sposobnost
Ciclismo	Biciklizam
Cuerpo	Tijelo
Deportes	Sportski
Dieta	Dijeta
Entrenador	Trener
Estiramiento	Istezanje
Fuerza	Snaga
Huesos	Kosti
Maximizar	Maksimizirati
Meta	Cilj
Metabólico	Metabolički
Músculos	Mišići
Nadar	Plivati
Nutrición	Ishrana
Programa	Program
Resistencia	Izdržljivost
Salud	Zdravlje

Diplomacia
Diplomacija

Asesor	Savjetnik
Cívico	Građanski
Comunidad	Zajednica
Conflicto	Sukob
Cooperación	Suradnja
Diplomático	Diplomatski
Discusión	Rasprava
Embajador	Ambasador
Extranjero	Strani
Ética	Etika
Gobierno	Vlada
Humanitario	Humanitarni
Idiomas	Jezici
Integridad	Integritet
Justicia	Pravda
Política	Politika
Resolución	Odluka
Seguridad	Sigurnost
Solución	Rješenje
Tratado	Ugovor

Disciplinas Científicas
Znanstvene Discipline

Anatomía	Anatomija
Arqueología	Arheologija
Astronomía	Astronomija
Biología	Biologija
Bioquímica	Biokemija
Botánica	Botanika
Ecología	Ekologija
Fisiología	Fiziologija
Geología	Geologija
Inmunología	Imunologija
Lingüística	Lingvistika
Mecánica	Mehanika
Meteorología	Meteorologija
Mineralogía	Mineralogija
Neurología	Neurologija
Psicología	Psihologija
Química	Kemija
Sociología	Sociologija
Termodinámica	Termodinamika
Zoología	Zoologija

Días y Meses
Dani i Mjeseci

Abril	Travanj
Agosto	Kolovoz
Año	Godina
Calendario	Kalendar
Domingo	Nedjelja
Enero	Siječanj
Febrero	Veljača
Jueves	Četvrtak
Julio	Srpanj
Junio	Lipanj
Lunes	Ponedjeljak
Martes	Utorak
Mes	Mjesec
Miércoles	Srijeda
Noviembre	Studeni
Octubre	Listopad
Sábado	Subota
Semana	Tjedan
Septiembre	Rujan
Viernes	Petak

Ecología
Ekologija

Clima	Klima
Comunidades	Zajednice
Diversidad	Raznolikost
Especie	Vrsta
Fauna	Fauna
Flora	Flora
Global	Globalno
Hábitat	Stanište
Marino	Pomorski
Montañas	Planine
Natural	Prirodno
Naturaleza	Priroda
Pantano	Močvara
Plantas	Bilje
Recursos	Resursi
Sequía	Suša
Sostenible	Održiv
Supervivencia	Opstanak
Vegetación	Vegetacija
Voluntarios	Volonteri

Edificios
Građevine

Albergue	Hostel
Apartamento	Stan
Cabina	Kabina
Castillo	Dvorac
Cine	Kino
Escuela	Škola
Estadio	Stadion
Fábrica	Tvornica
Garaje	Garaža
Granero	Staja
Granja	Farma
Hospital	Bolnica
Hotel	Hotel
Laboratorio	Laboratorij
Museo	Muzej
Observatorio	Zvjezdarnica
Supermercado	Supermarket
Teatro	Kazalište
Torre	Toranj
Universidad	Sveučilište

Electricidad
Struja

Almacenamiento	Skladištenje
Batería	Baterija
Bombilla	Žarulja
Cable	Kabel
Cables	Žice
Cantidad	Količina
Electricista	Električar
Eléctrico	Električni
Enchufe	Utičnica
Equipo	Oprema
Generador	Generator
Imán	Magnet
Lámpara	Svjetiljka
Láser	Laser
Negativo	Negativan
Objetos	Objekti
Positivo	Pozitivan
Red	Mreža
Televisión	Televizija
Teléfono	Telefon

Energía
Energija

Batería	Baterija
Calor	Toplina
Carbono	Ugljik
Combustible	Gorivo
Contaminación	Zagađenje
Diesel	Dizel
Electrón	Elektron
Eléctrico	Električni
Entropía	Entropija
Fotón	Foton
Gasolina	Benzin
Hidrógeno	Vodik
Industria	Industrija
Motor	Motor
Nuclear	Nuklearni
Renovable	Obnovljiv
Sol	Sunce
Turbina	Turbina
Vapor	Para
Viento	Vjetar

Enfermedad
Bolesti

Agudo	Akutan
Alergias	Alergije
Bienestar	Wellness
Contagioso	Zarazan
Corazón	Srce
Crónica	Kroničan
Cuerpo	Tijelo
Débil	Slab
Genético	Genetski
Hereditario	Nasljedno
Huesos	Kosti
Inflamación	Upala
Inmunidad	Imunitet
Neuropatía	Neuropatija
Patógenos	Patogena
Pulmonar	Plućni
Respiratorio	Dišni
Salud	Zdravlje
Síndrome	Sindrom
Terapia	Terapija

Especias
Začini

Agrio	Kiselo
Ajo	Češnjak
Amargo	Gorak
Anís	Anis
Azafrán	Šafran
Canela	Cimet
Cardamomo	Kardamom
Cebolla	Luk
Cilantro	Korijander
Comino	Kumin
Curry	Curry
Dulce	Slatko
Hinojo	Komorač
Jengibre	Đumbir
Pimentón	Paprika
Pimienta	Papar
Regaliz	Slatki
Sabor	Okus
Sal	Sol
Vainilla	Vanilija

Familia
Obitelj

Abuela	Baka
Abuelo	Djed
Antepasado	Predak
Esposa	Supruga
Hermana	Sestra
Hermano	Brat
Hija	Kći
Infancia	Djetinjstvo
Madre	Majka
Marido	Muž
Materno	Majčinski
Nieto	Unuk
Niño	Dijete
Niños	Djeca
Padre	Otac
Primo	Rođak
Sobrina	Nećakinja
Sobrino	Nećak
Tía	Tetka
Tío	Ujak

Física
Fizika

Aceleración	Ubrzanje
Átomo	Atom
Caos	Kaos
Densidad	Gustoća
Electrón	Elektron
Fórmula	Formula
Frecuencia	Frekvencija
Gas	Plin
Gravedad	Gravitacija
Magnetismo	Magnetizam
Masa	Masa
Mecánica	Mehanika
Molécula	Molekula
Motor	Motor
Nuclear	Nuklearni
Partícula	Čestica
Químico	Kemijski
Relatividad	Relativnost
Universal	Univerzalan
Velocidad	Brzina

Flores
Cvijeće

Amapola	Mak
Diente de León	Maslačak
Gardenia	Gardenija
Girasol	Suncokret
Hibisco	Hibiskus
Jazmín	Jasmin
Lavanda	Lavanda
Lila	Lila
Lirio	Ljiljan
Magnolia	Magnolija
Margarita	Tratinčica
Narciso	Narcis
Orquídea	Orhideja
Peonía	Božur
Pétalo	Latica
Plumeria	Plumerija
Ramo	Buket
Rosa	Ruža
Trébol	Djetelina
Tulipán	Tulipan

Formas
Obrasci

Arco	Luk
Bordes	Rubovi
Cilindro	Cilindar
Círculo	Krug
Cono	Konus
Cuadrado	Kvadrat
Cubo	Kocka
Curva	Krivulja
Elipse	Elipsa
Esfera	Sfera
Esquina	Kut
Hipérbola	Hiperbola
Lado	Strana
Línea	Crta
Oval	Ovalan
Pirámide	Piramida
Polígono	Poligon
Prisma	Prizma
Rectángulo	Pravokutnik
Triángulo	Trokut

Fruta
Voće

Aguacate	Avokado
Albaricoque	Marelica
Baya	Bobica
Cereza	Trešnja
Ciruela	Šljiva
Coco	Kokos
Frambuesa	Malina
Guayaba	Guava
Kiwi	Kivi
Limón	Limun
Mango	Mango
Manzana	Jabuka
Melocotón	Breskva
Melón	Dinja
Naranja	Naranča
Papaya	Papaja
Pera	Kruška
Piña	Ananas
Plátano	Banana
Uva	Grožđe

Fuerza y Gravedad
Snaga i Gravitacija

Centro	Centar
Descubrimiento	Otkriće
Dinámico	Dinamičan
Distancia	Udaljenost
Eje	Os
Expansión	Proširenje
Física	Fizika
Fricción	Trenje
Impacto	Udarac
Magnetismo	Magnetizam
Mecánica	Mehanika
Movimiento	Pokret
Órbita	Orbita
Peso	Težina
Planetas	Planete
Presión	Pritisak
Propiedades	Svojstva
Tiempo	Vrijeme
Universal	Univerzalan
Velocidad	Brzina

Geografía
Geografija

Altitud	Visina
Atlas	Atlas
Ciudad	Grad
Continente	Kontinent
Hemisferio	Hemisfera
Isla	Otok
Latitud	Širina
Longitud	Dužina
Mapa	Karta
Mar	More
Meridiano	Meridijan
Montaña	Planina
Mundo	Svijet
Norte	Sjever
Oeste	Zapad
País	Zemlja
Región	Regija
Río	Rijeka
Sur	Jug
Territorio	Područje

Geología
Geologija

Ácido	Kiselina
Calcio	Kalcij
Capa	Sloj
Caverna	Kaverna
Continente	Kontinent
Coral	Koralja
Cristales	Kristali
Cuarzo	Kvarc
Erosión	Erozija
Estalactita	Stalaktit
Estalagmitas	Stalagmiti
Fósil	Fosil
Géiser	Gejzir
Lava	Lava
Meseta	Plato
Minerales	Minerali
Piedra	Kamen
Sal	Sol
Terremoto	Potres
Volcán	Vulkan

Geometría
Geometrija

Altura	Visina
Ángulo	Kut
Cálculo	Izračun
Curva	Krivulja
Diámetro	Promjer
Dimensión	Dimenzija
Ecuación	Jednadžba
Horizontal	Vodoravan
Lógica	Logika
Masa	Masa
Mediana	Medijan
Número	Broj
Paralelo	Paralelno
Proporción	Proporcija
Segmento	Segment
Simetría	Simetrija
Superficie	Površina
Teoría	Teorija
Triángulo	Trokut
Vertical	Okomit

Gobierno
Vlada

Ciudadanía	Državljanstvo
Civil	Građanski
Constitución	Ustav
Democracia	Demokracija
Derechos	Prava
Discurso	Govor
Discusión	Rasprava
Distrito	Okrug
Estado	Država
Igualdad	Jednakost
Independencia	Nezavisnost
Judicial	Sudski
Justicia	Pravda
Ley	Zakon
Libertad	Sloboda
Líder	Vođa
Monumento	Spomenik
Nación	Narod
Política	Politika
Símbolo	Simbol

Granja #1
Farma Broj 1

Abeja	Pčela
Agricultura	Poljoprivreda
Agua	Voda
Arroz	Riža
Burro	Magarac
Caballo	Konj
Cabra	Koza
Campo	Polje
Cuervo	Vrana
Fertilizante	Gnojivo
Gato	Mačka
Heno	Sijeno
Miel	Med
Perro	Pas
Pollo	Piletina
Semillas	Sjemenke
Ternero	Tele
Tierra	Zemljište
Vaca	Krava
Valla	Ograda

Granja #2
Farma № 2

Animales	Životinje
Cebada	Ječam
Colmena	Košnica
Comida	Hrana
Cordero	Janjetina
Fruta	Voće
Granero	Staja
Huerto	Voćnjak
Leche	Mlijeko
Llama	Lame
Maduro	Zrelo
Maíz	Kukuruz
Oveja	Ovce
Pastor	Pastir
Pato	Patka
Prado	Livada
Riego	Navodnjavanje
Tractor	Traktor
Trigo	Pšenica
Vegetal	Povrće

Herboristería
Herbalizam

Ajo	Češnjak
Albahaca	Bosiljak
Aromático	Aromatski
Azafrán	Šafran
Calidad	Kvaliteta
Culinario	Kulinarski
Eneldo	Kopar
Estragón	Dragulj
Flor	Cvijet
Hinojo	Komorač
Ingrediente	Sastojak
Jardín	Vrt
Lavanda	Lavanda
Mejorana	Mažuran
Menta	Metvice
Perejil	Peršin
Planta	Biljka
Romero	Ružmarin
Sabor	Okus
Verde	Zelen

Ingeniería
Inženjerska Umjetnost

Ángulo	Kut
Cálculo	Izračun
Construcción	Izgradnja
Diagrama	Dijagram
Diámetro	Promjer
Diesel	Dizel
Distribución	Distribucija
Eje	Os
Energía	Energija
Estabilidad	Stabilnost
Estructura	Struktura
Fricción	Trenje
Fuerza	Snaga
Líquido	Tekućina
Máquina	Stroj
Medición	Mjerenje
Motor	Motor
Palancas	Poluge
Profundidad	Dubina
Propulsión	Pogon

Inmigración
Imigracija

Administración	Uprava
Adultos	Odrasli
Aprobación	Odobrenje
Ayuda	Pomoć
Comunicación	Komunikacija
Documentos	Dokumenti
Estrés	Stres
Fecha Límite	Rok
Financiación	Financiranje
Fronteras	Granice
Idioma	Jezik
Ley	Zakon
Negociación	Pregovaranje
Niños	Djeca
Oficial	Časnik
Proceso	Proces
Protección	Zaštita
Situación	Situacija
Solución	Rješenje
Vivienda	Kućište

Instrumentos Musicales
Glazbeni Instrumenti

Armónica	Harmonika
Arpa	Harfa
Banjo	Bendžo
Clarinete	Klarinet
Fagot	Fagot
Flauta	Flauta
Gong	Gong
Guitarra	Gitara
Mandolina	Mandolina
Marimba	Marimba
Oboe	Oboa
Pandereta	Tamburaški
Percusión	Udaraljke
Piano	Klavir
Saxofón	Saksofon
Tambor	Bubanj
Trombón	Trombon
Trompeta	Truba
Violín	Violina
Violonchelo	Violončelo

Jardinería
Vrtlarstvo

Agua	Voda
Botánico	Botanički
Clima	Klima
Comestible	Jestivo
Compost	Kompost
Contenedor	Kontejner
Especie	Vrsta
Estacional	Sezonski
Exótico	Egzotično
Flor	Cvijet
Floral	Cvjetni
Follaje	Lišće
Hoja	List
Huerto	Voćnjak
Humedad	Vlaga
Manguera	Crijevo
Ramo	Buket
Semillas	Sjemenke
Suciedad	Prljavština
Suelo	Tlo

Jardín
Vrt

Arbusto	Grm
Árbol	Drvo
Banco	Klupa
Césped	Travnjak
Estanque	Ribnjak
Flor	Cvijet
Garaje	Garaža
Hamaca	Viseća
Hierba	Trava
Huerto	Voćnjak
Jardín	Vrt
Malezas	Korov
Manguera	Crijevo
Pala	Lopata
Porche	Trijem
Rastrillo	Grablje
Suelo	Tlo
Terraza	Terasa
Trampolín	Trampolin
Valla	Ograda

Jazz
Jazz

Artista	Umjetnik
Álbum	Album
Canción	Pjesma
Composición	Sastav
Compositor	Skladatelj
Concierto	Koncert
Estilo	Stil
Énfasis	Naglasak
Famoso	Poznati
Favoritos	Favoriti
Género	Žanr
Improvisación	Improvizacija
Música	Glazba
Nuevo	Novo
Orquesta	Orkestar
Ritmo	Ritam
Talento	Talent
Tambores	Bubnjevi
Técnica	Tehnika
Viejo	Star

La Empresa
Tvrtka

Calidad	Kvaliteta
Creativo	Kreativni
Decisión	Odluka
Empleo	Zapošljavanje
Global	Globalno
Industria	Industrija
Ingresos	Prihod
Innovador	Inovativan
Inversión	Ulaganje
Negocio	Poslovanje
Posibilidad	Mogućnost
Presentación	Prezentacija
Producto	Proizvod
Progreso	Napredak
Recursos	Resursi
Reputación	Ugled
Riesgos	Rizici
Salarios	Plaće
Tendencias	Trendovi
Unidades	Jedinice

Libros
Knjige

Autor	Autor
Aventura	Avantura
Colección	Zbirka
Contexto	Kontekst
Dualidad	Dualnost
Escrito	Napisan
Historia	Priča
Histórico	Povijesni
Humorístico	Duhovit
Inventivo	Inventivni
Lector	Čitač
Literario	Literarni
Narrador	Pripovjedač
Novela	Roman
Página	Stranica
Pertinente	Relevantan
Poema	Pjesma
Poesía	Poezija
Serie	Serija
Trágico	Tragično

Literatura
Književnost

Analogía	Analogija
Análisis	Analiza
Anécdota	Anegdota
Autor	Autor
Biografía	Biografija
Comparación	Usporedba
Conclusión	Zaključak
Descripción	Opis
Diálogo	Dijalog
Estilo	Stil
Ficción	Fikcija
Metáfora	Metafora
Narrador	Pripovjedač
Novela	Roman
Poema	Pjesma
Poético	Pjesnički
Rima	Rima
Ritmo	Ritam
Tema	Tema
Tragedia	Tragedija

Los Medios de Comunicación
Mediji

Actitudes	Stavovi
Comercial	Trgovački
Comunicación	Komunikacija
Digital	Digitalni
Edición	Izdanje
Educación	Obrazovanje
En Línea	Na Liniji
Financiación	Financiranje
Fotos	Fotografije
Hechos	Činjenice
Industria	Industrija
Intelectual	Intelektualac
Local	Lokalni
Opinión	Mišljenje
Periódicos	Novine
Público	Javnost
Radio	Radio
Red	Mreža
Revistas	Časopisi
Televisión	Televizija

Mamíferos
Sisavci

Ballena	Kit
Burro	Magarac
Caballo	Konj
Camello	Deva
Canguro	Klokan
Cebra	Zebra
Conejo	Zec
Coyote	Kojot
Delfín	Dupin
Elefante	Slon
Gato	Mačka
Gorila	Gorila
Jirafa	Žirafa
Lobo	Vuk
Mono	Majmun
Oso	Snositi
Oveja	Ovce
Perro	Pas
Toro	Bik
Zorro	Lisica

Matemáticas
Matematika

Aritmética	Aritmetika
Ángulos	Kutovi
Circunferencia	Opseg
Decimal	Decimala
Diámetro	Promjer
Ecuación	Jednadžba
Esfera	Sfera
Exponente	Eksponent
Fracción	Frakcija
Geometría	Geometrija
Paralelo	Paralelno
Paralelogramo	Paralelogram
Perímetro	Perimetar
Perpendicular	Okomica
Polígono	Poligon
Radio	Radijus
Rectángulo	Pravokutnik
Simetría	Simetrija
Triángulo	Trokut
Volumen	Volumen

Mediciones
Mjerenja

Altura	Visina
Ancho	Širina
Byte	Bajt
Centímetro	Centimetar
Decimal	Decimala
Grado	Stupanj
Gramo	Gram
Kilogramo	Kilogram
Kilómetro	Kilometar
Litro	Litra
Longitud	Dužina
Masa	Masa
Metro	Metar
Minuto	Minuta
Onza	Unca
Peso	Težina
Profundidad	Dubina
Pulgada	Inč
Tonelada	Tona
Volumen	Volumen

Meditación
Meditacija

Aceptación	Prihvaćanje
Atención	Pažnja
Bondad	Ljubaznost
Calma	Miran
Claridad	Jasnoća
Compasión	Suosjećanje
Emociones	Emocije
Gratitud	Zahvalnost
Mental	Mentalno
Mente	Um
Movimiento	Pokret
Música	Glazba
Naturaleza	Priroda
Observación	Promatranje
Paz	Mir
Pensamientos	Misli
Perspectiva	Perspektiva
Postura	Držanje
Respiración	Disanje
Silencio	Tišina

Mitología
Mitologija

Arquetipo	Arhetip
Celos	Ljubomora
Cielo	Nebo
Comportamiento	Ponašanje
Creación	Stvaranje
Creencias	Uvjerenja
Criatura	Stvorenje
Cultura	Kultura
Desastre	Katastrofa
Fuerza	Snaga
Guerrero	Ratnik
Héroe	Junak
Inmortalidad	Besmrtnost
Laberinto	Labirint
Leyenda	Legenda
Monstruo	Čudovište
Mortal	Smrtnik
Rayo	Munja
Trueno	Grmljavina
Venganza	Osveta

Música
Glazba, Muzika

Armonía	Sklad
Armónico	Harmonijski
Álbum	Album
Balada	Balada
Cantante	Pjevač
Cantar	Pjevati
Clásico	Klasični
Coro	Zbor
Grabación	Snimanje
Improvisar	Improvizirati
Instrumento	Instrument
Melodía	Melodija
Micrófono	Mikrofon
Musical	Mjuzikl
Músico	Glazbenik
Ópera	Opera
Poético	Pjesnički
Ritmo	Ritam
Tempo	Tempo
Vocal	Vokalni

Naturaleza
Priroda

Abejas	Pčele
Animales	Životinje
Ártico	Arktik
Belleza	Ljepota
Bosque	Šuma
Desierto	Pustinja
Dinámico	Dinamičan
Erosión	Erozija
Follaje	Lišće
Glaciar	Ledenjak
Niebla	Magla
Nubes	Oblaci
Pacífico	Mirno
Refugio	Sklonište
Río	Rijeka
Salvaje	Divlji
Santuario	Svetište
Sereno	Spokojan
Tropical	Tropski
Vital	Bitan

Negocio
Poslovanje

Carrera	Karijera
Costo	Trošak
Descuento	Popust
Dinero	Novac
Economía	Ekonomija
Empleado	Zaposlenik
Empleador	Poslodavac
Empresa	Tvrtka
Fábrica	Tvornica
Finanzas	Financije
Impuestos	Porezi
Inversión	Ulaganje
Mercancía	Roba
Moneda	Valuta
Oficina	Ured
Presupuesto	Proračun
Tienda	Dućan
Trabajo	Posao
Transacción	Transakcija
Venta	Prodaja

Nutrición
Prehrana

Amargo	Gorak
Apetito	Apetit
Calidad	Kvaliteta
Calorías	Kalorije
Cereales	Žitarice
Comestible	Jestivo
Dieta	Dijeta
Digestión	Probava
Equilibrado	Uravnotežen
Fermentación	Vrenje
Hábitos	Navike
Nutriente	Hranljiv
Peso	Težina
Proteínas	Proteini
Sabor	Okus
Salsa	Umak
Salud	Zdravlje
Saludable	Zdrav
Toxina	Toksin
Vitamina	Vitamin

Números
Brojevi

Catorce	Četrnaest
Cero	Nula
Cinco	Pet
Cuatro	Četiri
Decimal	Decimala
Diecinueve	Devetnaest
Dieciocho	Osamnaest
Dieciséis	Šesnaest
Diecisiete	Sedamnaest
Diez	Deset
Doce	Dvanaest
Dos	Dva
Nueve	Devet
Ocho	Osam
Quince	Petnaest
Seis	Šest
Siete	Sedam
Trece	Trinaest
Tres	Tri
Veinte	Dvadeset

Océano
Ocean

Alga	Alge
Anguila	Jegulja
Arrecife	Greben
Atún	Tuna
Ballena	Kit
Barco	Čamac
Camarón	Škampi
Cangrejo	Rak
Coral	Koralja
Delfín	Dupin
Esponja	Spužva
Mareas	Plime
Medusa	Meduza
Ostra	Kamenica
Pescado	Riba
Pulpo	Hobotnica
Sal	Sol
Tiburón	Morski Pas
Tormenta	Oluja
Tortuga	Kornjača

Paisajes
Krajolici

Cascada	Vodopad
Cueva	Špilja
Desierto	Pustinja
Estuario	Ušće
Géiser	Gejzir
Glaciar	Ledenjak
Iceberg	Ledena
Isla	Otok
Lago	Jezero
Laguna	Laguna
Mar	More
Montaña	Planina
Oasis	Oaza
Pantano	Močvara
Península	Poluotok
Playa	Plaža
Río	Rijeka
Tundra	Tundra
Valle	Dolina
Volcán	Vulkan

Países #1
Zemlje № 1

Alemania	Njemačka
Argentina	Argentina
Bélgica	Belgija
Brasil	Brazil
Canadá	Kanada
Ecuador	Ekvador
Egipto	Egipat
España	Španjolska
Filipinas	Filipini
Honduras	Honduras
India	Indija
Italia	Italija
Libia	Libija
Malí	Mali
Marruecos	Maroko
Nicaragua	Nikaragva
Noruega	Norveška
Panamá	Panama
Polonia	Poljska
Venezuela	Venezuela

Países #2
Zemlje № 2

Albania	Albanija
Australia	Australija
Austria	Austrija
Dinamarca	Danska
Etiopía	Etiopija
Francia	Francuska
Grecia	Grčka
Indonesia	Indonezija
Irlanda	Irska
Jamaica	Jamajka
Japón	Japan
Laos	Laos
México	Meksiko
Pakistán	Pakistan
Portugal	Portugal
Rusia	Rusija
Siria	Sirija
Sudán	Sudan
Ucrania	Ukrajina
Uganda	Uganda

Pájaros
Ptice

Avestruz	Noj
Águila	Orao
Cigüeña	Roda
Cisne	Labud
Cuco	Kukavica
Cuervo	Vrana
Flamenco	Flamingo
Ganso	Guska
Garza	Čaplja
Gaviota	Galeb
Gorrión	Vrabac
Halcón	Sokol
Huevo	Jaje
Loro	Papiga
Paloma	Golub
Pato	Patka
Pelícano	Pelikan
Pingüino	Pingvin
Pollo	Piletina
Tucán	Toucan

Plantas
Biljke

Arbusto	Grm
Árbol	Drvo
Bambú	Bambus
Baya	Bobica
Bosque	Šuma
Botánica	Botanika
Cactus	Kaktus
Fertilizante	Gnojivo
Flor	Cvijet
Flora	Flora
Follaje	Lišće
Frijol	Grah
Hiedra	Bršljan
Hierba	Trava
Hoja	List
Jardín	Vrt
Musgo	Mahovina
Pétalo	Latica
Raíz	Korijen
Vegetación	Vegetacija

Profesiones #1
Zanimanja № 1

Abogado	Odvjetnik
Astrónomo	Astronom
Atleta	Sportaš
Bailarín	Plesačica
Banquero	Bankar
Bombero	Vatrogasac
Cartógrafo	Kartograf
Cazador	Lovac
Científico	Znanstvenik
Doctor	Liječnik
Editor	Urednik
Embajador	Ambasador
Entrenador	Trener
Geólogo	Geolog
Joyero	Zlatar
Marinero	Mornar
Músico	Glazbenik
Pianista	Pijanist
Psicólogo	Psiholog
Veterinario	Veterinar

Profesiones #2
Zanimanja № 2

Astronauta	Astronaut
Bibliotecario	Knjižničar
Biólogo	Biolog
Cirujano	Kirurg
Dentista	Zubar
Detective	Detektiv
Filósofo	Filozof
Fotógrafo	Fotograf
Ilustrador	Ilustrator
Ingeniero	Inženjer
Inventor	Izumitelj
Investigador	Istraživač
Jardinero	Vrtlar
Lingüista	Jezikoslovac
Médico	Liječnik
Periodista	Novinar
Piloto	Pilot
Pintor	Slikar
Profesor	Profesor
Zoólogo	Zoolog

Psicología
Psihologija

Clínico	Klinički
Cognición	Spoznaja
Comportamiento	Ponašanje
Conflicto	Sukob
Ego	Ego
Emociones	Emocije
Evaluación	Procjena
Experiencias	Iskustva
Ideas	Ideje
Inconsciente	Nesvjesno
Infancia	Djetinjstvo
Influencias	Utjecaji
Pensamientos	Misli
Percepción	Percepcija
Personalidad	Osobnost
Problema	Problem
Realidad	Stvarnost
Sensación	Osjećaj
Sueños	Snovi
Terapia	Terapija

Química
Kemija

Atómico	Atomski
Ácido	Kiselina
Calor	Toplina
Carbono	Ugljik
Catalizador	Katalizator
Cloro	Klor
Electrón	Elektron
Enzima	Enzim
Gas	Plin
Hidrógeno	Vodik
Ion	Ion
Líquido	Tekućina
Metales	Metali
Molécula	Molekula
Nuclear	Nuklearni
Oxígeno	Kisik
Peso	Težina
Reacción	Reakcija
Sal	Sol
Temperatura	Temperatura

Restaurante #1
Restoran Broj 1

Alergia	Alergija
Café	Kava
Cajero	Blagajnik
Camarera	Konobarica
Carne	Meso
Cocina	Kuhinja
Comer	Jesti
Comida	Hrana
Cuchillo	Nož
Ingredientes	Sastojci
Menú	Jelovnik
Pan	Kruh
Picante	Akutni
Plato	Tanjur
Pollo	Piletina
Postre	Desert
Reserva	Rezervacija
Salsa	Umak
Servilleta	Ubrus
Tazón	Zdjela

Restaurante #2
Restoran Broj 2

Agua	Voda
Almuerzo	Ručak
Aperitivo	Predjelo
Bebida	Piće
Camarero	Konobar
Cena	Večera
Cuchara	Žlica
Delicioso	Ukusno
Ensalada	Salata
Especias	Začini
Fruta	Voće
Hielo	Led
Huevos	Jaja
Pastel	Torta
Pescado	Riba
Sal	Sol
Silla	Stolica
Sopa	Juha
Tenedor	Vilica
Verduras	Povrće

Ropa
Odjeća

Abrigo	Kaput
Blusa	Bluza
Bufanda	Šal
Camisa	Košulja
Chaqueta	Jakna
Cinturón	Pojas
Collar	Ogrlica
Delantal	Pregača
Falda	Suknja
Guantes	Rukavice
Joyas	Nakit
Moda	Moda
Pantalones	Hlače
Pijama	Pidžama
Pulsera	Narukvica
Sandalias	Sandale
Sombrero	Šešir
Suéter	Džemper
Vestido	Haljina
Zapato	Cipela

Salud y Bienestar #1
Zdravlje i Wellness # 1

Activo	Aktivan
Altura	Visina
Bacterias	Bakterije
Clínica	Klinika
Doctor	Liječnik
Farmacia	Ljekarna
Fractura	Lom
Hambre	Glad
Hábito	Navika
Hormonas	Hormoni
Huesos	Kosti
Medicina	Lijek
Músculos	Mišići
Piel	Koža
Postura	Držanje
Reflejo	Refleks
Relajación	Opuštanje
Terapia	Terapija
Tratamiento	Liječenje
Virus	Virus

Salud y Bienestar #2
Zdravlje i Wellness # 2

Alergia	Alergija
Anatomía	Anatomija
Apetito	Apetit
Caloría	Kalorija
Dieta	Dijeta
Digestión	Probava
Energía	Energija
Enfermedad	Bolest
Estrés	Stres
Genética	Genetika
Higiene	Higijena
Hospital	Bolnica
Infección	Infekcija
Masaje	Masaža
Nutrición	Ishrana
Peso	Težina
Recuperación	Oporavak
Saludable	Zdrav
Sangre	Krv
Vitamina	Vitamin

Selva Tropical
Prašuma

Anfibios	Vodozemci
Botánico	Botanički
Clima	Klima
Comunidad	Zajednica
Diversidad	Raznolikost
Especie	Vrsta
Indígena	Autohtono
Insectos	Kukci
Mamíferos	Sisavci
Musgo	Mahovina
Naturaleza	Priroda
Nubes	Oblaci
Pájaros	Ptice
Preservación	Očuvanje
Refugio	Utočište
Respeto	Poštovanje
Restauración	Obnova
Selva	Džungla
Supervivencia	Opstanak
Valioso	Vrijedan

Tiempo
Vrijeme

Ahora	Sada
Antes	Prije
Anual	Godišnji
Año	Godina
Ayer	Jučer
Calendario	Kalendar
Década	Desetljeće
Día	Dan
Futuro	Budućnost
Hoy	Danas
Mañana	Jutro
Mediodía	Podne
Mes	Mjesec
Minuto	Minuta
Momento	Trenutak
Noche	Noć
Reloj	Sat
Semana	Tjedan
Siglo	Stoljeće
Temprano	Rano

Tipos de Cabello
Vrste Kose

Blanco	Bijeli
Brillante	Sjajan
Calvo	Ćelav
Corto	Kratak
Delgada	Tanak
Gris	Siva
Grueso	Debeo
Largo	Dugo
Marrón	Smeđ
Negro	Crna
Ondulado	Valovita
Plata	Srebro
Rizado	Kovrčava
Rizos	Kovrče
Rubio	Plavuša
Saludable	Zdrav
Seco	Suho
Suave	Mekan
Trenzado	Pletena
Trenzas	Pletenice

Universo
Svemir

Asteroide	Asteroid
Astronomía	Astronomija
Astrónomo	Astronom
Atmósfera	Atmosfera
Celestial	Nebeski
Cielo	Nebo
Cósmico	Kozmički
Ecuador	Ekvator
Galaxia	Galaksija
Hemisferio	Hemisfera
Horizonte	Horizont
Latitud	Širina
Longitud	Dužina
Luna	Mjesec
Oscuridad	Tama
Órbita	Orbita
Solar	Sunčano
Solsticio	Solsticij
Telescopio	Teleskop
Visible	Vidljiv

Vacaciones #2
Odmor № 2

Aeropuerto	Zračna Luka
Carpa	Šator
Destino	Odredište
Extranjero	Stranac
Fotos	Fotografije
Hotel	Hotel
Isla	Otok
Mapa	Karta
Mar	More
Montañas	Planine
Pasaporte	Putovnica
Playa	Plaža
Reservas	Rezervacije
Restaurante	Restoran
Taxi	Taksi
Transporte	Prijevoz
Tren	Vlak
Vacaciones	Odmor
Viaje	Putovanje
Visa	Viza

Vehículos
Vozila

Ambulancia	Hitna Pomoć
Autobús	Autobus
Avión	Zrakoplov
Balsa	Splav
Barco	Čamac
Bicicleta	Bicikl
Camión	Kamion
Caravana	Karavan
Coche	Automobil
Cohete	Raketa
Ferry	Trajekt
Furgoneta	Kombi
Helicóptero	Helikopter
Lanzadera	Čunak
Motor	Motor
Neumáticos	Gume
Submarino	Podmornica
Taxi	Taksi
Tractor	Traktor
Tren	Vlak

Verduras
Povrće

Ajo	Češnjak
Alcachofa	Artičoka
Apio	Celer
Berenjena	Patlidžan
Brócoli	Brokula
Calabaza	Bundeva
Cebolla	Luk
Ensalada	Salata
Espinacas	Špinat
Guisante	Grašak
Jengibre	Đumbir
Nabo	Repa
Oliva	Maslina
Patata	Krumpir
Pepino	Krastavac
Perejil	Peršin
Rábano	Rotkvica
Seta	Gljiva
Tomate	Rajčica
Zanahoria	Mrkva

Enhorabuena

Lo has conseguido!

Esperamos que hayas disfrutado de este libro tanto como nosotros al diseñarlo. Nos esforzamos por crear libros de la máxima calidad posible.
Esta edición está diseñada para proporcionar un aprendizaje inteligente, de calidad y divertido!

¿Te ha gustado este libro?

Una Petición Sencilla

Estos libros existen gracias a las reseñas que se publican.
¿Podrías ayudarnos dejando una reseña ahora?
Aquí tienes un breve enlace a la página de reseñas

BestBooksActivity.com/Opiniones50

¡DESAFÍO FINAL!

Reto n°1

¿Estás listo para tu juego gratis? Los utilizamos siempre, pero no son tan fáciles de encontrar. ¡Aquí están los **Sinónimos**!
Escribe 5 palabras que hayas encontrado en los rompecabezas (#21, #36, #76) y trata de encontrar 2 sinónimos para cada palabra.

*Escriba 5 palabras del **Puzzle 21***

Palabras	Sinónimo 1	Sinónimo 2

*Escriba 5 palabras del **Puzzle 36***

Palabras	Sinónimo 1	Sinónimo 2

*Escriba 5 palabras del **Puzzle 76***

Palabras	Sinónimo 1	Sinónimo 2

Reto n°2

Ahora que te has calentado, escribe 5 palabras que hayas encontrado en los Puzzles 9, 17 y 25 e intenta encontrar 2 antónimos para cada palabra. ¿Cuántos puedes encontrar en 20 minutos?

*Escriba 5 palabras del **Puzzle 9***

Palabras	Antónimo 1	Antónimo 2

*Escriba 5 palabras del **Puzzle 17***

Palabras	Antónimo 1	Antónimo 2

*Escriba 5 palabras del **Puzzle 25***

Palabras	Antónimo 1	Antónimo 2

Reto n°3

¡Genial! Este desafío final  no es nada para ti.

¿Preparado para el reto final? Elige 10 palabras que hayas descubierto en los diferentes rompecabezas y escríbelas a continuación.

1.	6.
2.	7.
3.	8.
4.	9.
5.	10.

Ahora escribe un texto pensando en una persona, un animal o un lugar que te guste.

Puedes usar la última página de este libro como borrador.

Tu Composición:

CUADERNO DE NOTAS :

HASTA PRONTO !

Todo el Equipo

www.ingramcontent.com/pod-product-compliance
Lightning Source LLC
Chambersburg PA
CBHW082212120626
46553CB00010B/3111
9798896703532